まえがき

私がいつも本を執筆するときに心がけていることがある。それは、読んでいて気分が晴れるような、勇気づけられるような、そういう本にしたいということだ。


「私はブサイクなんですけど、それでも彼女ができますか？」

「大丈夫、心理学のテクニックを使えば、何とかなりますよ!!」

「私は頭が悪いのですが、頭がよくなったりしますか？」

「全然問題ありませんよ」

「私は、子どものときから性格がネクラなんですけど、生まれ変われますか？」

「はい、人間はいつからだって生まれ変わることができるんです!!」

私のアドバイスは、いつも決まってこのような感じであった。

「あった」と過去形で表現したのは、本書がそういう内容ではないからである。

私は、かれこれ200冊以上の本を執筆してきたが、今回の本では、「あまり言いたくない」ことだけを取り上げようと思う。つまり、読者のみなさんにとっては「あまり聞きたくない」内容の本であると思う。

もし私のファンのような読者がいるのだとしたら、**本書は〝読まないほうがいい〟内容になっている**ことをあらかじめ申し上げておきたい。できれば、このままそっと本を閉じて、棚《たな》に戻していただければ幸いだ。

本書を読んでいると、気分が滅入《めい》ってくるかもしれない。すべての希望を失うかもしれない。知りたくもないような事実ばかりを突きつける心理学者に、腹が立って仕方がなくなるかもしれない。「ふざけんな、この野郎！」と怒鳴り声を上げて、本書を真っ二つに引き裂きたいという衝動にかられるかもしれない。

これらの可能性は十分に考えられる。なぜなら、私自身が、本書の執筆のために資料を読み込んでいるときに、同じような衝動を何度も何度も感じたからである。

○人間の性格なんて変わるものではない

〇 自己啓発書に書かれていることは、すべてインチキである
〇 モーツァルトを聴いても、頭がよくなるなんてことはない
〇 生まれつき犯罪者になる人は決まっている
〇 ブサイクな人は、性格がいくらよくてもモテない
〇 身長が低い人は、年収も低い

……などなど。

どうだろう。うんざりしてこないだろうか。ざっと本書の中身を紹介しただけでも、イヤな気分になるのは私だけではないと思う。まるまる一冊、すべてこんな感じなのである。本書はあまり読まないほうがいいですよ、と忠告したのはそのためである。

私はこれまで、自分を不快にするような論文はすべて「見なかったこと」にし、ほかの論文とは別の場所に〝お蔵入り〟させていたのであるが、**今回はずっと封印していた資料を初公開している。**これまで私のファンであった人にはまことに心苦しいのではあるが、「こういう結果を示す心理学のデータも残念ながら存在する」ということをお教えするために、あえて本書を執筆した。

本書には、心理学者である私が、「心理学者の予想なんてデタラメで、全然当たらない」

という、本当に言いたくないことまで取り上げてある。秘密にしておかなければならないことまで暴露するのは、相当に躊躇《ちゅうちょ》したのであるが、すべてを包み隠すことなくご紹介してである。これによって、私の「飯のタネ」がなくなってしまわないか、戦々恐々としているところだ。

どうか気分が悪くなることを覚悟して、本書をお読みいただきたい。

もう一度くり返すが、本書は絶対に読まないほうがいい本である。

ヤバすぎる心理学　目次

第1章 運命に翻弄される人々

第2章 人間関係にまつわる虚実

第3章 政治と経済にまつわる残念な話

第4章 実はウソだらけの日常常識

第5章 男女の関係についての一考察

第1章

運命に翻弄される人々

人の運命は、「遺伝が8割」で決まってしまう

「人は遺伝によって、その運命があらかた決められてしまっている」

こんなことを聞くと、読者のみなさんはうんざりするであろう。私もそうである。

いくら本人が努力しようが、自分の人生はあまり変えることができない。なぜなら、遺伝で決まっているのだから。

しかも、その影響の度合いは、最大で8割にも9割にも達するというのだから、暗い気持ちになってしまうのも当然だ。

たとえば、怒りっぽさ。

怒りっぽい自分、短気な自分をどうにかして改善したいと思っている人は多いと思うの

だが、感情的にキレやすいかどうかは、遺伝の影響である。

米国メリーランド州にある国立精神健康研究所のキャロリン・ザンワクスラーによると、86％が遺伝の影響であるという。つまり、両親が怒りっぽいのなら、86％の子どもも怒りっぽくなるのである。

みなさんが短気なのだとしたら、それは親のせいだと思ったほうがいい。自分の責任ではなく、遺伝のせいだと思えば少しは救われるのではないか。

ほかの性格についても、やはり遺伝が色濃く影響する。

ミネソタ大学のアーク・テレゲンは、一緒に育った双子と、生まれてすぐに養子に出されて、別々に育てられた約400組の双子について、14の性格特徴を比較してみた。すると、14のうち、12の特徴で遺伝的影響が認められたという。別々の環境の中で育てられたら、違う性格の大人になってもよさそうだが、そうはならないのである。

頭のよさはどうだろう。

これについても、遺伝が大きく影響する。ミネソタ大学のウェンディ・ジョンソンが生まれてすぐに別々に育てられた双子を200名以上も調べたところ、一般的な知能は、46％が遺伝で決まるらしい。**どんなに親が頑張って教育を受けさせても、親の知能が低ければ**

ば、子どももそんなに優秀にはならないということだ。

仕事ぶりについても、やっぱり遺伝である。

ミネソタ大学のリチャード・アーベイによると、職務満足感(仕事を楽しめるかどうか)は約30%が遺伝による影響を受け、ほかにも、目立ちたがり屋かどうか、部下への接し方はどうか、ほかの人のために援助を惜しまないかどうか、などに遺伝の影響が認められたという。

「仕事がつまらない」が口癖で、やる気のない人は、親もそうだった可能性があるし、そういう人が親になれば、子どももやはりそういう大人になっていく。

さらに面白いところでは、**「初体験の年齢」にも遺伝は影響する**らしい。

オーストラリアにあるクイーンズランド・メディカル・リサーチ研究所のM・P・デューンという学者が５０８０名の双子を調べたところ、男性では72%が遺伝の影響を受け、女性では49%が遺伝の影響を受けるという。

小さな男の子が「お父さんって、初エッチしたのはいつ?」と尋ねてみれば、だいたい自分もそれくらいの年齢で初エッチを体験することになるのだろうな、という予想まで立てられるのである。

　私たちの運命というのは、かなりの程度まで遺伝によって決められてしまっている。いいとか悪いとかの話ではなく、そういう事実があるのだ。

サル顔の人は、犯罪者になりやすい

「生来的犯罪人説」という学説がある。

犯罪者になるのは、生まれながらに決まっているという説だ。しかも、そういう人は、顔だちや体格を見ればわかるというのである。なんとも恐ろしい説である。

一般に、犯罪を犯すのは、お金に困ったとか、だれかにひどい仕打ちを受けたとか、そういう何らかの特別な理由や事情があって、やむにやまれずに犯罪を犯すものだと考えられているが、そうではない。

たとえ、どんなに辛い境遇に置かれても犯罪を犯さない人は犯さない。**犯罪を犯すのは、生まれつき決まった素養を持った人**だ、というのが生来的犯罪人説である。

この学説を唱えているのが、イタリアにあるトリノ大学刑事人類学教授のチェーザレ・ロンブローゾ。

ロンブローゾは、処刑された囚人の遺体を解剖し、丹念に分析を行なってみた。また、刑務所や精神病院の約4000人の受刑者の顔だちや骨格を、兵士のそれと比較してみた。

こうして何年もの研究を行なった末に、「犯罪者には、やはり普通の人とは違う身体的特徴が認められる」という結論が導かれたのである。

ロンブローゾによれば、**犯罪者は、先祖返り的な特徴を持っているという。簡単に言えば、人間というよりは、類人猿に近い**というのだ。

ほかの人たちから、「お前は、ゴリラ顔だよな」だとか、「サル顔だね」だと言われるような人は、自分が犯罪者にならないように気をつけてほしい。

では、犯罪者には具体的にどのような特徴があるのかを見ていこう。

まずは、大きな眼窩《がんか》。ようするに、目玉のくぼみの部分が深い。また、大きな顎《あご》。がっしりした四角形の顔をした人を思い浮かべていただければよいであろう。また、高いほほ骨。突出した眉なども特徴的だ。まばらなヒゲも、特徴のひとつである。

また、**犯罪者には、足の指でモノをつかむのがうまく、手のひらにシワが少ない**という特徴もある。門歯が発達していて、平べったい鼻、しかも正面から見ても鼻の穴が見える、という特徴もあることからすると、やはりサルやゴリラのような顔なのだ。

さらに犯罪者の顔の特徴には、「非対称性」という特徴もあるらしい。

私たちの顔というのは、顔の真ん中で分けると、だいたい左右対称になっているものであるが、**犯罪者の顔は、たとえば、左目が右目よりずいぶんと大きいとか、片方の口角だけが上がっているとか、ようするに左右のバランスが崩れているのである。**

もしみなさんのまわりにこのような特徴を持った人がいるとしたら、その人は犯罪的な素養を持った人なのかもしれない、とちょっとは気をつけて付き合ったほうがいいかもしれない。

もちろん、顔だちの特徴だけで相手を判断したり、偏見を持ったりすることはあまりおススメできることではないが、身に危険が及ぶのを避けたいのであれば、少しでも危険がありそうな人からは距離をとったほうが利口であろう。

なお、ロンブローゾが学説を発表した当初は、約70%の犯罪者は生まれつき決まっているのだとしていたが、後にその数値を35%から40%くらいだと下方修正している。サル顔の人が、全員が全員、犯罪者になるというわけでもないので念のため。

最後に、犯罪者の顔だちに関しての最新の研究をひとつご紹介しておこう。

カナダにあるトロント大学のニコラス・ルールは、ノーベル平和賞を受賞した38人と、犯罪者38人の顔写真を80名の大学生に見せて、「どちらが信用できるか？」と尋ねてみたところ、犯罪者のほうが「信用できない」という評価を受けたという。

「なんとなくうさん臭い顔だな」と思ったときには、その人との付き合いには十分に注意してほしい。

「経験を積めば能力がUPする」はウソ。ダメな人はいつまでもダメなまま

日本人は、「経験」を持ちだすのが大好きだ。

「キミだって、僕くらいの経験が身についてくれば、仕事もうまくいくさ」

「この仕事は、ある程度の経験がないと難しいんだよね～」

よく聞かれる言葉である。

しかし、本当に〝経験〟というものは必要なのだろうか。

どうも事実は逆らしい。

残念ながら、**いくら経験を積んでも素人とそんなに変わるものでもない**のだ。

たとえば、経験豊富なベテラン外科医と、見習い医師では、手術の後でどれくらいの期間、入院するのかを予想する能力には差があるように思われるであろう。ベテランのほうが経験豊富なのだから、正しい見立てができるように思われるであろう。

しかし、残念ながら、それほど差はないことが明らかにされている。これは、米国『フォーチュン』誌編集主幹のジョフ・コルヴァンがその著書『究極の鍛錬』（サンマーク出版）で紹介している事例である。

また、株式ブローカーであれば、推奨すべき株の銘柄の選択についてベテランと素人に差がない。ベテランのほうが、株価を予想できそうな気もするが、そんなことはないのだ。いくら経験を積もうが、予想できない人は予想できないのである。

米国ロチェスター大学のマイケル・ジェンセンが、20年間の投資信託の実績を調べる一方、彼らの経験年数を調べてみると、経験など何の関係もなかった。株の世界では、経験などあまり役に立たないらしい。

ちなみに、株の専門家の予想があまりに当たらないものだから、ウォールストリートジャーナル誌が、4人の専門家にそれぞれ有望と思う株をひとつずつ選んでもらう一方、株式一覧表にダーツの矢を4本投げて、やはり4銘柄を選んで運用成績を競ってみたところ、ダーツのほうがわずかに勝ってしまった、という笑えない話もある。

経験があるから能力も高くなるのかというと、そんなに単純なことではない。

フランスのINSEADビジネススクールとアメリカ海軍大学院の研究者は、こうした現象を**「経験の罠」**と呼んでいる。企業では、通常、経験のある人を高く評価するが、「経験のあるマネジャーだからといって、高いパフォーマンスを出しているわけではない」という重大な事実に気づいていないのだ。経験があれば何でもうまくできるのかというと、そんなことはないのである。

しかも驚くなかれ、**経験を積むことで、かえって「能力が低下する」ことさえある**のだ。たとえば、経験豊富な医師のほうが、経験の浅い医師に比べて、「最新の医学知識」が少ないというたしかなデータさえある。

単純に経験年数を自慢する人がいるが、それは自慢にも何にもならないことを肝《きも》に銘《めい》じておくべきだ。

「いやあ〜、僕もこの業界で長いからねえ〜」

「僕は、30年もこの仕事を続けているんだよ」

経験だけを自慢するような人は、それくらいしか誇るべきものがないのであろう。何年仕事をしようが、ダメな人はいつまでもダメなままなのであり、漫然と仕事をくり返していくだけでスキルや経験が磨かれていく、というものでもないのだ。

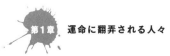

変わった名前の人は、早死にする

親は自分の子どもを目立たせるために、変わった名前をつけてしまうことが多い。

しかし、それは子どもからすれば、ありがた迷惑なだけ。

なぜなら、「太郎」とか「花子」といったごくありふれた名前（最近は、ありふれた名前でもないが）をつけてもらったほうが、長生きができるからだ。

親は、「変わった名前のほうが、みんなに覚えてもらえるだろうし、人気者になれるかもしれないぞ！」と軽はずみな考えをするものであるが、実際には、そんなに好まれることもないし、むしろ名前のせいでイジメを受けてしまうことも多い。

しかも、性格的におとなしい子どもだったりすると、目立つことでストレスを感じてしまうことも少なくない。

そういう理由から、**変わった名前の人のほうが、平均すると2年ほど早死にしてしまう**ということを示す研究がある。

カリフォルニア州にあるポモーナ・カレッジの心理学者ローラ・ピンザーは、カリフォルニア州の死亡統計のデータを40年以上も調べた。調べた数はのべ670万人である。

その結果、男性だと、「アナウス」「ジャーム」「クイーニー」といった変わった名前、女性だと「ドルカ」「グーン」「ナーバーモア」といった変わった名前の人のほうが、早死にすることがわかったという。

ピンザーによれば、変わった名前だと2年ほど早死にするのだそうだ。変わった名前だとストレスを感じやすいため、それが積もり積もって2年ほど寿命を短くしてしまうのであろう。

「変わった名前だと、そんなにストレスを感じるのか？」と思う読者もいらっしゃると思うが、余人にはうかがい知れないようなストレスはたしかに存在する。

米国イリノイ州にあるロヨラ大学のアーサー・ハートマンは、「リーサル」「ヴェレ」といった変わった名前の持ち主は、「ジョン」や「トム」といったありふれた名前の持ち主に比べて、精神的に病んでいることが多く、精神疾患に悩まされる確率が高くなることを突き止めている。

裏づけとなるデータはほかにもある。

米国ウェイン州立大学のアーネスト・エイベルは、メジャーリーガー3835名の死亡統計を調べてみたところ、名前がポジティブな意味を持っている選手(たとえば、「エース」「ホープ」「ウェル」など)の寿命は、80・4歳であった。

ところが、名前がネガティブな意味を持っている選手(たとえば、「バッド」「デッド」「ヘル」「マッド」「シン」など)は、平均67・0歳であった。

つまり、ポジティブな名前を持っている選手のほうが、平均13歳も長生きしていたのである。

変わった名前で、しかもあまりよくない意味の名前を持っている人は、役所に出かけて名前を変えてもらったほうがいいのかもしれない。名前を変えるためには、それなりに理由がなければならないが、きちんと説明すればわかってもらえるのではないかと思われる。

子どもにつける名前は、そんなに奇抜で変わったものにしないほうがよい。

子どもを目立たせたいという親心については、心情的に理解できなくもないのであるが、子どもにとっては、ただ迷惑なだけである。

性格は簡単には変わらない。とくに内向的な性格は一生変わらない

もしみなさんが内向的で、ひとりで作業をするのを好み、パーティのような社交的な場所がとても苦手な性格であるとしよう。

そういう性格なのであれば、おそらくは一生、みなさんはそういう性格のままである。

残念だが、そういう性格の自分と付き合っていかなければならない。

「もっと明るい性格になれたらなあ」などと夢想しないほうがよい。自分がミジメになるだけだからである。

「内藤先生、性格というものは、変わらないものなのでしょうか？」

と質問されれば、私は「それは違います」と答えるだろう。

しかし、性格にもいろいろな特徴があるのであって、「変わりやすい性格」もあれば、「変わりにくい性格」というのもある。

そして、**地味で内向的な性格について言えば、変わりにくい性格なのである。**だから、一生そういう性格は直らないものと悟って、そんな自分とうまく折り合いをつけながら暮らしていくことを考えたほうが建設的なのだ。

米国メーン州にあるコルビー・カレッジのクリストファー・ソートという心理学者は１２０万人を超える人たちの、生涯的な性格の変化を調べてみた。

それによると、性格は年齢とともに変わるものもあれば、変わらないものもあった。たとえば、「神経質」。この性格については、15歳の思春期あたりがもっともひどく、それからゆっくり下がっていく。

つまり、変化する性格である。

若いうちには、ものすごく短気でピリピリしているような人でも、そのうち性格が丸くなってきて神経質な性格が直ってしまう。これが一般的である。

だから、**若いうちに神経質だからといって心配はいらない。だれでも年をとれば、もっといい加減になる。**

ところが、「外向性」については、20歳くらいで安定してしまって、ずっと横ばいである。外向性というのは、社交性と言い換えてもいいから、20歳を超えたら、そんなに明るくなるわけでもない。

20歳までに内向的だった人は、おそらくは30歳になっても、40歳になっても、70歳になっても、やはり内向的なままであろう。みんなで集まってワイワイやるよりは、ひとりでコソコソと何かの作業をするほうが好きであろう。

私も若い頃は、もっと明るく、闊達《かったつ》な性格になりたいと願っていたものだが、30代、40代と年を経るごとに、だんだん面倒くさくなってきて、今では自分の性格を変えることを諦めている。

私も内向的な人間で、ひとりで資料を調べたり、本を書いたりするのが好きな性格であるが、そういう性格は一生直らないような気がする。今でも、人前で話すのが苦手だ。

よくある自己啓発書を読むと、まるで簡単に自分の性格が変えられるようなことが書かれているけれども、それは間違いではないにしろ、言いすぎである。そんなに人間の性格は洋服を変えるように変えられるものではない。

とにかく性格は変わらないのだなと悟ってしまったほうが、もがいたり苦しんだりすることもなく、平静でいられるのではないかと思う。

自分の性格を変えるための努力をし、そのたびに悔しい思いをするくらいなら、性格は変わらないのだと割り切ってしまったほうがよほど心はスッキリするものである。

美人よりブサイクな人のほうが、性格も悪いしウソつきである

「美人は、性格が悪い」

「美人には、冷たい人が多い」

よくいわれる俗説である。そのため、たいして美人でもない女の子は、「ああ、よかった。私は美人じゃなくて」と自分を慰《なぐさ》めることもあるだろう。

けれども、まことに言いにくいのであるが、実際のところは、**「美人のほうが性格がよい」のであって、「ブサイクな人のほうが、性格は悪い」のが正しい。**

考えてみれば、それも当たり前の話であって、美人に対しては、だれもがチヤホヤする。親切にする。だから、素直な性格になる。ところが、ブサイクな人に対しては、周囲も冷

たい対応をとってくるし、嫌がらせも受ける。そのため、性格がどんどん歪《ゆが》んでいく。性格もねじれていく。

モンタナ大学のレオナルド・バーンズは、280名の女性について、2人の判定者に魅力の得点をつけてもらった。また、7ヶ月後に、それぞれがどれくらい精神的に障害を抱えやすいのかを調べてみた。

すると、ブサイクな人ほど精神的に病んでいることが明らかにされたという。美人はというと、精神的にはものすごく健全であった。美人にはだれもがやさしくしてくれるから、心が歪んだりはしないのである。

また別の研究をご紹介しよう。

コーネル大学のキャトリーナ・トーマは、Match.Comや、Yahoo.PersonalsやAmerican.Singlesや、Webdateといった4つの主要なオンラインデートサービスに登録している人80名に実験室に来てもらって、写真を撮らせてもらった。それについて別の判定者が魅力の点数をつけた。

それから、彼らが登録してあるプロフィールについて、どれくらいウソをついているか

（身長、体重、年齢）を教えてもらった。すると、ブサイクな人ほど、自分のプロフィールにウソを書き込んでいることが明らかにされた。

ブサイクな人は、性格も悪いし、ウソつきでもあったのである。

さらに、ユタ州立大学のジェラルド・アダムスが、80名の女性の会話スタイルを分析してみたことがあるのだが、美人の女の子ほど、温かく、親切であるのに対して、ブサイクな女性ほど、押しつけがましかったり、他人に意見を強要する傾向があることも突き止められている。

これらの研究からもわかるように、「美人ほど性格が悪い」という俗説は、完全に誤っている。実際には、**ブサイクな人のほうがどこか心が病んでいるし、ウソもつくし、キツイ性格であることのほうが多い。**

私は、男性に対しては、「美人を敬遠するのではなく、むしろ美人に積極的にアタックしたほうがいいですよ」とアドバイスすることが多いが、その理由はこれまでの議論からおわかりいただけるのではないかと思う。

たいていの男性は、美人を目の前にすると気おくれをするのか、なかなかアタックしない。「どうせ冷たくあしらわれるに決まっている」と思い込んで、躊躇《ちゅうちょ》してしまうのだ。

しかし、安心いただきたい。美人のほうが性格がいい女の子が多いので、そんなに冷たくもされないはずなのである。

左利きの人は、右利きの人に比べて9歳も早死にする

利き腕に関する心理学のデータはたくさんある。本項目では、左利きの人について、どのようなリスクがあるのかを五月雨《さみだれ》式に考察していきたいと思う。

いきなりだが、ブリティッシュ・コロンビア大学の心理学者スタンレー・コーエンと、カリフォルニア州立大学のディアン・ハルパーンは、『ニュー・イングランド・ジャーナル・オブ・メディスン』誌において、987名の死亡統計を調べ、右利きの平均寿命が75歳、左利きが66歳と発表した。つまり、**左利きはなんと9歳も早死にしやすい**というのである。

左利きの人は、日常生活においてもいろいろと不便をこうむりやすい。

たとえば、電車の改札では、右利きの人は、カードをそのまま右手で読み取り機器に押しつけるだけでよいが、左利きの人は、腕を交差させるようにして読み取り機器に押し当てなければならない。ちょっとしたことだが、こういうストレスも積み重なれば早死ににつながるのである。

また、左利きの人は、ハサミを使うときにも苦労をする。左利き用のハサミもあるが、たいていのハサミは右利き用にできていて、面倒くさいのでそれを使おうとするからである。さらに、たいていの機械も右利き用に作られていることが多い。

コーエンらによると、日常生活においても、**左利きであるというだけで、1日2箱のタバコを吸っているのと同じストレスを感じる**のだそうである。その結果が累積して、9年も早死にさせるというのだ。なんとも恐ろしい話である。

また、左利きの人は、事故に遭うリスクも高いらしく、スポーツで約1・2倍、仕事で約1・3倍、家庭で1・5倍、運転で1・9倍も、事故に遭いやすいという。

さらに、**左利きの人は、右利きの人に比べると心も身体も弱い。**

なぜかはわからないが、統計的に見ると、そうなのである。

カリフォルニア州立大学のキャロル・フライは、左利きには、アレルギー体質が多く、ぜんそくも多いという事実を突き止めている。

ちなみに私も左利きであり、アレルギー体質のせいか、花粉症の時期には死んだようになっている。また、子どもの頃にはぜんそく持ちであった。フライの研究どおりである。

さらに、イタリアにあるボルザノ総合病院のヘルムット・ニーダーホッファーというお医者さんによると、精神障害になりやすいのも左利きが多いそうなのだ。


なんだか左利きの悪口ばかりを連ねてきてしまったので、最後にいくつか左利きの利点のようなものも挙げておく。

まず、左利きはスポーツの世界では有利である。

私が調べたところでは、レスリングとバスケットボールについては、明らかに左利きの選手のほうが有利だと確認されている。

また、左利きの人は、天才肌のところがあり、芸術の分野でも成功する可能性が高い。

これらの利点があるにはあるのだが、「早死にしやすい」という現実が、もっとも左利きにとっては不愉快な事実であろうと思う。

背が低い人は、すべての評価が悪くなる

身長が高い人は、それだけでほかの人からよい評価を受けやすい。

仕事に対するモラルも高いし、仕事の能率も高い、と思われやすい。こういう現象を**「ハロー効果」**という。背が高いというだけで、なぜかそのほかのまったく関係のない点まで、プラスの評価が得られてしまうのである。

では、背の低い人はどうなのか。

残念ながら、背が低い人は、背が低いというだけで、そのほかの点でもなぜかマイナスの評価を受けやすくなる。頑張って仕事をしているにもかかわらず、意欲的ではないと思われるし、きちんと仕事をしているのに、雑な仕事をしていると評価されやすい。こちらは**「ホーンズ効果」**と呼ばれている。

米国リチャード・ストックトン・カレッジのデビッド・レスターは、29名の上官が、自分の部下の警察官をどのように評価しているのかを調べてみたことがある。レスターは部下の警察官の身長もこっそり調べておき、背が低いグループ（172・72センチ以下）と、背が高いグループ（182・88センチ以上）に分けておいた。

すると、上官の62％が、背の低い部下ほど市民からの苦情が多いだろうと評価していた。また、上官の55％は、背の低い部下ほどやる気も低いと評価していた。さらに、38％の上官は、背の低い部下ほどより多く事故を起こすだろう、とも評価していた。

実際にそんなことがあるのかどうかは別として、とにかく**背が低い人は、なぜか悪い評価を受けやすい、ということが現実にある**のである。人にはそう思われてしまうのである。「俺は、違うんだ！」と反論したくとも、相手はそう思ってしまうのである。

背が高い人は、それだけでプラスの評価を受ける。

学生のうちには、背が高い人のほうが、頭がよくて試験の成績もよさそうだと先生に思われるし、スポーツもできそうな印象を与える。背が低い人は、あまり試験もできないし、スポーツもそんなにできない、と人に思われやすい。

特に、男性はそういう思い込みの影響を受けやすい。

女性の場合、背が低くとも、「かわいらしい」「女の子らしい」というプラスの評価を受けることがあるのに対して、男性の場合には、そういう恩恵はあまり受けられない。

性格に関しても、背が低い女の子は、「おとなしそう」「従順そう」といったプラスの評価を受けるのに、背の低い男の子は、「意地悪そう」とか「ワガママそう」といった、マイナスの評価を受けがちである。

なんだか背の低い人にとってはうんざりするような話になってしまって申し訳ないのであるが、背が低い人のほうが背が高い人よりも、身体の老化が遅くて長生きできるという利点もちゃんとあることを述べておきたい。決して悪いことばかりではないのである。

熱心にお祈りしたからといって、長生きできるということはない

優生学と近代統計学の父とも呼ばれているフランシス・ゴールトンという人物がいる。従兄は、あの進化論で有名なチャールズ・ダーウィンだ。

ゴールトンは、生涯の大半を風変りな研究に捧げている。講義の退屈さを客観的に測定するために、聴衆がどれだけソワソワしているのかを調べたり、イギリスの「美人地図」を作るために、大きな都市の大通りを歩き回り、すれ違う女性の容姿を「上・中・下」で採点し、ポケットに入れた計数器で記録したりもした。ちなみに、美人が一番多いのはロンドンで、少ないのはアバディーンであった。

そんなゴールトンは、あるとき「祈りは、本当に効果があるのか？」ということに疑問を持ったことがある。

この疑問を検証するため、ゴールトンは、次のような仮説をたてた。

「もし、本当にお祈りに効果があるのなら、その恩恵を一番受けるのは、聖職者であろう。なぜなら、彼らは普通の人よりも、たくさんお祈りしているのであるから。しかも、普通の人よりも熱心にお祈りしているのだから。だとすれば、聖職者は、普通の人よりも長生きするはずであろう。長生きしなければおかしい」

ゴールトンは、この仮説を調べるために、人名事典を使ってデータを分析してみたところ、驚くような結果が得られた。なんと聖職者の寿命は、弁護士や医師などの職業の人よりも短かったのである。

この分析をもとに、ゴールトンは、お祈りに効果などはないという結論を出した。

たっぷりお祈りしたからといって、それで長生きできるという保証はどこにもないのである。

もちろん、ゴールトンの分析はあまりにも荒っぽいもので、たとえ寿命は延ばせなくとも、精神的な安定を得ながら生きることができるとか、人生の幸福感は高まるはずだとか、いろいろと反論はできると思う。祈りが、まったくムダだと言っているわけではない。けれども、お祈りをしたから長生きできるわけではない、ということを明らかにしただけでもゴールトンは評価されてよいであろう。

社会の多くの人が思い込んでいることも、調べてみると、それが逆であることは少なくない。だから、データをとって調べてみることは非常に重要なのである。

たとえば、「最近の若者はキレやすい」と言われているものの、本当にキレやすいのは「オッサン世代」である。JR東日本の調べによると、1998年から2002年までの4年間で、駅員に暴力をふるって警察沙汰にまでなった乗客は50代が最も多かったそうである。

こういうことも、データをとってみるまではわからない。

テレビや新聞では、若者が電車内で傍若無人に振る舞い、それを注意された高齢者に逆ギレして殴りかかった、といった事件が報道されることが多いが、**現実にはキレるのが一番多いのは、中年なのだ。**

ゴールトンは、神さまにお祈りしている人が必ずしも長生きできるわけではない、という事実を、データをとることで明らかにしている。調べてみるまでは、わからないことはいくらでもあるものである。

自分が何かに興味を持ったときには、きちんとデータをとってみることをおススメする。データをとってみると、意外に世の中の人の考えが間違っていることに気づかされることも少なくないからである。

「自己啓発本のおかげで生まれ変わった！」というのは、ただの錯覚である

私は出版の世界に生きている人間であり、私自身、自己啓発本を何冊も執筆したことがある。

だから、あまり大きな声では言いたくないのであるが、**自己啓発本なんて読んでも、性格は変わらないし、生き方も変わらない。**

「自己啓発本を読んだら、なんだか生まれ変わったような気がするぞ！」

そう思ってくれる読者は、たしかにいる。

けれども、残念ながらそれは単なる勘違いであって、数日もすれば、もとの自分に戻る。出版の世界に生きていて、たくさん本を読んでもらいたいと思っている人間としては、こんなことは口にしたくもないのだが、事実なのだから仕方がない。

自己啓発本をいくら読もうが、生まれ変わったような気がしようが、そんなことはない。ただの錯覚である。

カナダにあるマニトバ大学のジェームズ・フォレストは、6冊の自己啓発本を使って、3回も実験をしたのだが、自己啓発本を読ませた条件で、自尊心が改善するとか、自己概念がよくなるとか、そういうポジティブな結果はまったく得られなかった。

自己啓発本を読んで、自分がもっと好きになるとか、嫌いな自分も受け入れられるようになるとか、自分に誇りを持てるようになるとか、そういう明確な効果はまったく得られなかったのである。

自己啓発本は、思ったよりも効果がないといえる。

もうひとつデータをご紹介しよう。

やはりマニトバ大学で行なわれた研究なのであるが、デビッド・シュルツという心理学者が１６３名の女子大学生に集まってもらい、フィクション、伝記、自己啓発本のいずれかを与えて2日間のインターバルを置きながら、計６回の読書をしてもらうという実験をしたことがある。

なお、この12日間の実験中には、参加者はほかの本を一切読んではならないことになっていた。かりにほかの本を読まれてしまうと、どの本が効果的だったのかがわからなくなってしまうからである。

さて12日間の実験が終了したところで、性格テストが実施された。

自己啓発本を読んだグループでは、素晴らしい性格の変化が見られたのであろうか。

残念ながら、そんなことにはならなかった。３つの条件すべてで差など見られなかったのである。自己啓発本を読んだら、明るい性格になったとか、神経質なところが改善されたとか、そういう効果はまったく期待できないということを、この実験は示したのである。

「60分で、内気な自分とさようなら」

「これ一冊で、優柔不断な自分が改善できる」

本屋さんの自己啓発コーナーに行くと、表紙やオビには、このような文句が並んでいる。

それが本当なら、魔法のようにすばらしいことなのであるが、現実にはそんな効果はまったく期待できない。

「この本を読めば、お金持ちになれる」という本を読んだからといって、お金持ちになれるわけではない。お金持ちになれるのは、その本を書いた著者だけである。著者は印税で儲けられるが、読者はお金持ちになれない。

自己啓発本についても、たいした効果はない。

少し考えてみればわかる通り、**本を読んだからといって、そんなにすぐに人間は変わるものではない。**

大切なのは、日々の実践なのであって、きちんと計画を立ててトレーニングするとか、そういう努力をしなければ、自己改善など望めるわけがないのである。

大切なのは「本を読む」ことではなく、「本で書かれていることを、自分で実践する」ことなのだ。それをしなければ、いくら自己啓発本を読んでも何も変わらないであろう。

本より高額なテープやCDに頼っても、やはり人間は変わらない

自己啓発本を読んでも、そんなに変わりませんよ、という話をした。

では、テープやCDなどはどうであろう。

「このCDを聴くだけで、みなさんは素敵な人間に生まれ変わる」

「このテープは、みなさんの潜在能力に訴えかけ、隠れた才能を引き出す」

と謳《うた》った商品などは効果があるのであろうか。本に比べると、テープやCDは高額であることも多い。値段が高いということは、その分、効果もあるということなのだろうか。

けれども、いくつかの実験を参考にすると、**こちらについてもほとんどまったく効果など期待できないということが明らかにされている。本に比べると、テープやCDは値段が張るだけになおさら性質が悪いともいえる。**お金を損したくないのなら、そういうものには手を出さないのが賢明だ。

カナダにあるウォータールー大学のフィリップ・メリクルは、肥満の女性47名に集まってもらい、「このテープを聞くだけで痩せられる」という市販のサブリミナル・テープを買ってきて、それを聞いてもらった。比較のためのグループには、何のテープも聞かせなかった。

それから5週間に渡って体重の測定をしてもらったのであるが、テープを聞いたからといって体重がみるみる下がる、ということはなかった。「このテープで、痩せられる」というのは、まったくのインチキだったのである。

看板に偽りあり、というのは、こういう商品を指すのであろう。

ただし、そういうものが少しは効果があると指摘する心理学者もいる。

しかし、それにしてもテープが効果的であるというよりは、「このテープは本当に効くんだ！」という本人の思い込みの影響が強いのであって、テープそれ自体が効果的であるわけではない。

ワシントン大学のアンソニー・グリーンワルドは、ポスターや新聞広告で288名のボランティアを集め、実験を行なった。

どんな実験かというと、市販されているテープを5週間に渡って聞いてもらうという実験である。

あるグループでは、「記憶力を高めるテープ」を手渡し、別のグループには「自己啓発のためのテープ」を手渡した。

グリーンワルドは、5週間後、参加者にもう一度集まってもらって、「あなたは記憶力が高まりましたか?」とか「自己概念の改善が見られましたか?」と尋ねてみた。すると約50%が「高まった」と答えたのである。

約半分もの人に効果があったのなら、これは大変にすばらしいテープだと思えるかもしれない。

けれども、残念ながら、この実験にはウラがあった。

グリーンワルドは、2つのテープのラベルを事前にこっそりと変えておいたのである。

つまり、「記憶力を高めるテープ」は、実際には「自己啓発のためのテープ」の内容が入っていて、「自己啓発のためのテープ」のほうには「記憶力を高めるテープ」の内容が入っていたのだ。

もし効果があると感じられるのなら、それはテープ自体が効果的ではなく、本人の思い込み。ただの自己暗示にすぎないものに、高いお金を払うことになる。

自分を変えようとするには、大変な努力が必要なのであって、そんなに簡単に自分を変えることはできないのであって、「すぐに変わる」ことを謳った商品は、すべて疑ってかかったほうがよいかもしれない。

コラム

「マニュアルに頼る人間はダメ」という間違った思い込み

「人付き合いにマニュアルなんて、ない」という人がいる。

「人付き合いにマニュアルを持ち込むなんて、最低だ」と考える人もいる。

もちろん考え方は人それぞれであるから、マニュアルなんていらないと思っている人には、マニュアルは必要ないのであろう。

しかし人付き合いも一種の技術であって、技術であるかぎりは効率よく人付き合いの作法を身につけるためのマニュアルがあるはずであり、そういうマニュアルにしたがって行動したほうが、ソツのない対応ができることは言うまでもない。

恋愛マニュアルにしたがって、デートコースを選んだり、デートプランを立てたりするのは悪いことなのだろうか。私はそう思わない。その場その場で対応するという心意気は見事だと思うが、マニュアル通りにしたほうが、結果としては相手を満足させることもできると思う。

仕事でもそうで、マニュアルがあったほうが、社内の人とも社外の人ともうまく付き合える。マニュアルというのは、言ってみれば〝先人たちの知恵の結晶〟なのであって、マニュアルを踏まえた行動をとったほうが絶対にうまくいくのだ。

「私は、マニュアルなんて頼らない」

「私は、自分が信じたように行動したい」

という人もいるが、自分勝手に行動したところで得られる結果はたかが知れているし、失敗も多くなる。だから、自分勝手にやってはならないのだ。

カリフォルニア州立大学のデビッド・ランガーは、59名の若い心理セラピスト（平均32・6歳）を2つのグループに分け、片方のグループにだけ、子どもとのセラピーのマニュアルを与えた。

それから、不安や抑うつに悩む子どもとのセラピーを実際に行なってみたのであるが、マニュアルを与えられたグループのほうが、子どもとの関係はよくなったという。

「マニュアルなんかに頼ると、本物の関係は築けない」という人もいるが、そんなこともなかった。むしろ、マニュアルに頼らないグループのほうが、子どもとの関係をうまく築くことはできなかったのである。

「マニュアルがよくない」と信じている人は、これまでの人生の中で、効果的でわかりやすく書かれたマニュアルを読んだことがないのであろう。だからマニュアルを嫌うのであろう。

しかし、本当によくできたマニュアルがあれば、そのマニュアルにしたがって行動したほうがうまくいくことは間違いない。

ちなみに教育も技術であって、マニュアルがある。子どもたちにうまい絵を描かせるマニュアルもあれば、上手に合唱をさせるマニュアルもある。騒がしいクラスを5秒以内に静かにさせるマニュアルなどもある。

マニュアルに頼らず、「真心を持ってひとりひとりの生徒と向き合おう」「誠実な対応を心がけよう」などと言っている先生のほうが、実際には教育技術が低かったりする。

マニュアルは決して悪ではない。むしろ、私たちの技術を高めるためにものすごく有用であるといえる。

第2章

人間関係にまつわる虚実

テロや災害への恐怖が、人の絆《きずな》を強めてくれる

自分たちの主義・主張を押し通すためならば、暴力を使うこともいとわないことをテロリズムという。

テレビや新聞では、「テロ」と略されることが多いので、本書でも以降はテロと呼ぶが、まことに自分勝手で野蛮な行為であることは言うまでもない。

「俺たちの言うことを聞け、さもないと暴力的な手段に訴えるぞ！」というテロの論理は、まったく許されるものではないし、私も、テロを擁護《ようご》するつもりは、さらさらない。

しかし、そんなテロでさえ、まったく何のメリットもないのかというと、どうもそうではないらしい。**テロの恐怖、テロの不安が高まれば高まるほど、「人々の絆」が深まる、**という皮肉なデータがあるからである。

ルイジアナ州立大学のトーニャ・ハンセルは、2001年の9月11日のテロ事件の後から2005年までのニューヨークにある62の郡すべての離婚統計を調べてみた。そして、その離婚率を1991年からテロが起きるまでの10年間の離婚率と比較してみたのである。すると、テロが起きた後の2002年では、それ以前の10年間に比べてなんと25％も離婚が減っていることが明らかにされた。

さらに2003年、2004年、2005年の3年間では、平均して37・5％も離婚率が大幅に減っていた。

テロの恐怖があると、私たちはお互いに力を合わせなければならなくなる。そのため、人間の絆、家族の絆、夫婦の絆といったものが、ありがたいと感じられるようになるのであろう。

戦争もそうで、そういう緊張状態においては人間の絆というものは強化される傾向がある。兵士たちは、お互いの友情を感じ合うし、夫婦もお互いの愛情を確認し合う。親と子どもも深い絆を感じることができる。

平和な時代だからいいことばかりなのかというと、そうではない。

お互いに協力する必要はないし、個々人が好き勝手なことをしていても、何の心配もいらない。不安もないから、だれかに精神的に支えてもらう必要もない。だから、どんどん人間の絆が弱くなってしまう、というデメリットがある。

テロの恐怖があれば、私たちは夫婦でも力を合わせようとするし、近隣の人たちとも援助し合おうという気持ちになる。テロがあれば、家族の絆、地域コミュニティの絆が強まり、そういう恐怖がないと絆が弱まってしまうというのは、まことに皮肉なことである。

日本でも、自然災害などがあると、それまではお互いに無関心であった地域のコミュニティにおいて、お互いに協力し合うという行動が見られる。

たとえば、都市部で大雪が降って、自動車が立ち往生してしまうと、それを見た人たちが力を合わせて手助けしてくれたりする。

お互いの食べ物を分けあったりする。普段はお互いになるべくかかわり合いをしない人たちがそういう行動をとり始めるのだから、不思議なものだ。

そういうニュースを見ると、「少しくらい何か起きたほうがいいのかな?」という不謹慎なことまで考えてしまうのは、私だけなのだろうか。

何もないのに越したことはないとはいえ、そういう状況では、他人のやさしさや人間の愛情を感じられないのは困ったものである。

なるべくサポートしないほうが、お年寄りは元気になる

身体を満足に動かせなくなったお年寄りには、なるべくやさしくしてあげなければならない、と一般には考えられている。

お年寄りは困っているのだから、できるかぎりのことは何でもしてあげよう。でなければ、可哀想ではないか、という論理である。

なるほど、この考えには一理ある。

しかし、**お年寄りだからといって、甘やかすのはどうなのか。結局は、お年寄りのためにもならないのではないか。生きているうちには、何でも自分のことは自分でやらせるようにしたほうが、お年寄りのためにも本当はいいのではないか。**

厳しいことを言うようであるが、どうもこちらの考えのほうが正しいようである。

この仮説を検証した心理学者たちがいる。イエール大学のジュディス・ロディンと、ハーバード大学のエレン・ランガーだ。

彼らは、老人施設に入っているお年寄りに対して、それまでは施設の職員が何でもしてあげていたのだが、全部自分でやらせるようにしてみた。

洋服の着替えも、食事も、入浴も、施設内の植物の世話まで、もちろんどうしても身体が動かないお年寄りは別であったが、できることは何でも彼ら自身にやらせることにしたのである。

ロディンたちは、とてもひどい仕打ちをお年寄りにしたのだろうか。

いや、そうではなかった。

職員に休んでいてもらって、何でも自分たちでやるようにしたお年寄りたちは、みるみる元気になっていったのである。

彼らは、よく笑うようになり、社交的になって、ほかのお年寄りに声をかけるようになった。

さらに驚くべきことに、それまでの施設での年間の平均死亡率は25%だったものが、15

%に減ったのである。

「自分で何とかやらなければ！」

そういう責任感を持たされると、お年寄りは、生気を取り戻す。

逆に、何でも他人にやってもらえるのだと思うと、自分では何もすることがなくなってしまい、生きていることも楽しめなくなる。

このデータからすると、**お年寄りのために何でもやってあげてしまうのは、むしろお年寄りにとってもマイナスなのだ**ということがわかるであろう。


お年寄りの代わりに、何かをやってあげたいという気持ちは心情的によくわかる。

私も、「お年寄りのことは、放っておいたほうがいいのですよ」と言われても、たぶん、それを守ることはできないと思う。

しかし、それはお年寄りにとっては、ただのお節介にすぎず、ありがた迷惑であるという可能性があることも否定できない。

電車やバスの中には、お年寄りのための優先席がある。しかし、そういう席を設けることなく、むしろお年寄りにもほかの乗客と同じように、立っていてもらうようにしたほうが、足腰も鍛えられ、身体的には健康になれる、という可能性も考えられるのである。

厳しいと思われるかもしれないが、お年寄りにできることは、何でもやらせたほうがいいのかもしれない。むしろ、彼らのやるべきことを取り上げてしまうほうが残酷なのではないだろうか。

虐待のつらい経験が、有益となることがかなりある

テレビで子どもを虐待したり、殺してしまったりする親がいるというニュースを見ると、大変に心が痛む。

子どもに対しては、いかなる理由があっても、虐待などはしてはならない。当たり前すぎるほどに、当たり前のことである。

しかし、である。**親に虐待された子どもが、みな心が歪《ゆが》んで、ロクでもない人間になってしまうのかというと、そんなことはない**ようである。

むしろ、虐待された人たちに意見を求めると、「いや、私は虐待されたから、よかったですよ」というびっくりするような回答も見られるのである。「虐待されたから、よかった」

というのは、いったいどういうことなのだろうか。

ワシントン大学のカーチス・マクミレンは、子どもの頃に虐待を受けたことがある154名の成人について調査を行なった。

マクミレンは、虐待について、「まったく益はない」を0、「少しは益があった」を1、「かなり、きわめて有益」を2として質問してみたのだが、なんと46・8%は、子どもの頃に虐待を受けた経験を有益だと回答していたのである。しかも、そのうちの24%は「きわめて有益」とさえ答えていた。

なぜ、親にひどい虐待を受けたことに感謝などできるのか。調査に参加した人たちは、たまたまマゾヒズムの性格の人たちがたくさん集まってしまったのだろうか。

いやいや、そうではない。マクミレンは、なぜ有益だと答えたのかの理由を尋ねてみたのだが、小さな頃に虐待を受けたおかげで、強い性格が手に入れられたとか、自分が子どもを持ったときに、子どもを守れるようになったとか、人間関係に慎重になった、という理由が数多く挙げられたという。本当に「虐待されて有益だった」と感じていたのだ。

人間というのは、どんなにひどい目に遭っても、いやひどい目に遭ったからこそ、そこから何かを学び取れるという強さを持っている。

自分がひどい目に遭ったから、ほかの人や自分の子どもには親切にしよう、という気持ちにもなれる。約半分の人は、虐待を受けたという痛ましい経験を、自分を活かすために役に立てることができたのだ。

小さな頃に貧しかったからハングリー精神を養うことができる、ということもある。貧しくなかったら、ひもじい思いをしなかったら、お金持ちになるためのやる気も努力も湧いてこない、ということもある。**人間は逆境を自分のモチベーションに変えてしまうことができる強さを持っている**のだ。

虐待もそうで、たしかに虐待などを絶対にしてはならないが、虐待を受けた子どもは、それによって簡単に潰されてしまう、ということもなく、むしろその経験からたくましくいろいろなことを学び取っていく、という事実があるのである。

「虐待は、されるほうにも少しは益があるみたいですよ」などと主張すると、マジメな教育者や人権団体の人たちから怒られてしまいそうであるが、現実に、虐待を受けた人たちは、どうしようもない人間へと堕落していくというよりは、むしろ強い人間へと生まれ変わることができるようである。

「10代での結婚」に、悪いイメージを抱くのは思い込みである

不良の人たちは、初体験も早ければ、結婚するのも早い。そのためか、「10代で結婚する」と聞くと眉をひそめる方もたくさんいらっしゃるのではないかと思う。そんなに早く結婚するのは、不良なのではないかというのだ。

しかし、それは単なる思い込みにすぎない。

実際はというと、**それまで不良だったとしても、結婚して子どもが生まれることにでもなれば、親としての自覚ができ、むしろ同年代の人に比べると、大人としての責任感が高い**という傾向さえある。

それまでは遊びまくっている女の子でも、結婚をして母親になると、いきなりしっかりした大人になってしまうことも少なくない。

むしろ中途半端に大学になどいくと、いつまでも親のすねをかじり、大人としての自覚も持つことができないというマイナスがあったりもする。

晩婚化の昨今の風潮からすれば、やはりこんなことを言うと怒られそうな気もするのだが、「10代であろうが、未成年であろうがどうでもいいから、とにかくさっさと結婚しなさい」とも言えるのである。

英国バーミンガム大学のアリソン・ロルフは、10代で母親になった33名の女性にインタビューを実施し、世間一般で言われているように、「10代で母親になることはマイナス」などということは、決してないことを突き止めている。

ロルフによると、10代で母親になった女性たちは、母親になることによって自分が成長できたと感じており、責任のある大人の女性になることができた、と口をそろえて答えていたという。

親に依存しているうちには、責任感など持てるはずがない。

なぜなら、自分のことは、何でも親がやってくれてしまうのだから。

ところが、**自分が親になればいつまでも依存しているわけにはいかない。生活をするた**

めには、子どもを育てるためには、否応なく働かなければならず、自分の人生に責任を持たなければならなくなる。そのため、自然に責任感が身につくのである。

最近では、大学生の就職面接にまで、いや入社式にまで、付き添いをする親がたくさんいるというが、それだけ子どもは甘やかされているということであり、いつまでも独り立ちできない大人が増えているのもうなずける。

「10代で結婚」などというと、早すぎると感じる人がたくさんいらっしゃると思うのであるが、一昔前までは、高校を卒業して社会に出れば、すぐに結婚する人は珍しくなかったし、さらに歴史をさかのぼれば、10代の結婚はむしろありふれたことであった。

結婚するかどうかは、個人の自由であるから、「さっさと結婚しなさい」などと言われるのは不愉快かもしれないが、「たとえ10代で結婚しちゃっても、そんなにマイナスなことばかりでもないみたいですよ」ということだけは言わせていただきたい。

知的で冷静なエリートほど、実はキレやすい

従来、自尊心が低い人ほど、攻撃的だと考えられてきた。犯罪を犯すのは、たいてい自尊心が低い人であるとも考えられている。

しかし、米国ケース・ウェスタン・リザーブ大学のロイ・バウマイスターによると、これは逆であるのだという。

暴力や犯罪に手を染めるのは、自己が脅かされた結果として生じる。そして、自尊心が高い人ほど、自分への脅威を感じやすい。だから、**自尊心の高い人ほど本当はキレやすい**というのである。自尊心の低い人は、他人にバカにされても、もともと脅威を感じにくい。だからキレることもそんなにない。

自尊心が高い人というのは、自分に誇りを持っている人である。

つまり、エリートほど、自尊心が高く、それゆえ感情的にキレやすいともいえる。

ここに、とてもプライドの高いエリートと、まったくプライドのない人物がいるとしよう。

感情的にキレやすいのは、どちらなのかというと、間違いなくエリートのほうである。

エリートのほうは、たとえ冗談でも、「バカだなあ、お前は」などと他人からからかわれたりすると、本気で怒るであろう。自我が脅かされたと感じるからである。

その点、プライドのない人間は、「バカだなあ」と言われても、「そうなんだよ、俺は、正真正銘のおバカさんなんだ」と笑って聞き流すことができる。

エリートというと、冷静で、理知的で、感情的にならないようなイメージがあるが、そんなことはない。

むしろ、彼らは、自分自身への侮蔑《ぶじょく》であるとか、皮肉であるとか、挑戦に対しては、ものすごく敏感であり、繊細である。

そのため、普段はものすごく理知的な人のほうがキレたときにはものすごく感情を爆発させることになる。

知的で、冷静そうに見える人は、たいていプライドも高い。そういう人は、普段はすましているけれども、いったんキレると手がつけられなくなる。私自身、エリートと呼ばれる人種の人たちが、怖ろしい形相でキレているのを何回か目撃したことがある。

女性は、なるべくエリートの男性とお付き合いしたいと思うものであるが、自尊心やプライドが高い人のほうが、感情的にキレることもあるのだということを知っておいたほうがいい。

むしろ、**自尊心の低い人のほうが、そんなに腹を立てることもないし、安心して付き合える、**というところはある。

エリートは、たとえば、飲食店において、後からやってきたお客のほうに店員が先に注文をとりに行ったりすると、いきなり大声でキレることがある。自分を先に対応してくれないことが許せないのであろう。彼らの自己は、とても傷つきやすいのだ。

その点、自尊心が低い人は、ほかのお客さんを先に対応されても腹は立たない。「自分みたいな人間は、ほかの人の後でもかまわない」と思えるからである。

エリートとお付き合いしたいと考えている女性は、エリートには、そういう尻の穴の小さなところがあることをきちんと認識しておいたほうがいい。

イジメは絶対になくならない いいに決まっていても、 なくなったほうが

職場のイジメはとても陰湿である。小学校でも、中学校でも、高校でも、イジメは見られるが、社会人になってからでも例外ではない。ある特定の人に対して、ほかの人たちが悪質なイジメをする、ということは現実によくある。

もちろん、どんな場所でもイジメは絶対にやってはならない。しかし、現実問題としてイジメは決してなくならない。なぜかというと、**イジメは組織やグループにとって必要なもの**だからだ。ようするに、ちゃんとした「存在理由」があるのであって、道徳的な人でも、倫理的な人でも、イジメをするときには、イジメをしてしまうのである。

米国カンザス大学のスコット・エイデルマンによると、同一の集団内にイジメの対象を作るのはグループのためであるという。みんなで寄ってたかってイジメることで、そのグループの「一体感」が強まるというのだ。

それはちょうど、他国と戦争をすると、なぜか国内の一体感が強まるのと同じである。中国や韓国は、何かというと日本を敵視し、反日行動をとることによって国民の一体化を図ろうとすることが多いのであるが、基本的なメカニズムはイジメと同じである。

エイデルマンは、だれかをイジメることによって、グループ内の一体感を高めることを**「ブラック・シープ効果」（黒い羊効果）**と呼んでいる。みんなで黒い羊をイジメれば、白い羊たちは、もっと仲良くなれ、もっと親しくなれ、もっと協力的になれるのである。ようするに、グループの凝集性が強まるのである。

黒い羊にとってはたまったものではないが、黒い羊をイジメることが白い羊にとっては必要なことなのであり、だからイジメはなくならないのである。

さらにエイデルマンによると、イジメは個人に「安心感」を与えるらしい。ほかの人をイジメることによって、「自分はこうならずにすんでよかった」と安心できるのである。

そういう理由もあって、イジメの根絶は難しいのである。

人間は、もともとイジメの対象を見つけたいという欲求のようなものがあって、しかもそれによって同じ集団や組織の結びつきが強化されていく。

歴史的に見ると、貴族が平民をイジメることによって、貴族たちは自分たちの集団での結びつきを強化していたし、平民たちは平民たちで、さらに低い階層の人たちをイジメることで憂さ晴らしをしたり、自分たちの階層の結びつきを強化していた。


理想としては、イジメなどは根絶したほうがいい。

しかし、現実問題としては、決してなくならないのではないかと思う。

かりに宇宙から宇宙人でも攻めてくるのであれば、地球全体の人たちが、「同じ地球人」としての絆を深めるかもしれないが、おそらくそのようなことはないであろう。

もちろん、もし自分が職場でイジメの対象にでもされたり、いろいろなセクハラやパワハラに悩まされるようであれば、法律的な手段に訴えて解決したほうがよい。

私は「イジメはなくならない」とは思うが、だからといって、「我慢しなさい」などとは言っていない。そんなところで我慢する必要もないので、自分を敵とする人に対しては、こちらも全力で立ち向かったほうがよいことは言うまでもない。

組織の中で、リーダーシップほどいらないものはない

何がいらないといって、「リーダーシップ」ほどいらないものはない。たいていの組織においては、リーダーが置かれているとはいえ、ほかのメンバーをグイグイと引っ張っていくようなリーダーは特にいらない。

ワンマン経営者に率いられた企業は、たしかに伸びる。

しかし、それはあくまで短期的な現象であって、長い目で見ると、会社をおかしな方向に引っ張っていってしまうことのほうが圧倒的に多い。**リーダーシップというのは、短期的にはよくとも、長期的には裏目に出てしまう**ものなのだ。

よくあるビジネス書を読むと、「これからの時代は、リーダーシップが必要だ」の大合

唱である。「リーダーシップなんて、いらない」と論じた本には、まずお目にかかれない。

新人研修でも、リーダーシップ・トレーニングを実施している企業は多いが、本当のところ、リーダーシップなど鍛えてはいけないのである。

「日本は、もっとリーダーシップを発揮して、アジアのリーダーになるべきだ！」とか、「日本人は、もっと自己主張して、リーダーシップを養うべきだ！」などと言う人もいるが、リーダーシップが有害だということに気づいていないのであろう。


リーダーシップは神話でしかない。

とりわけ、**トップダウン式の強烈なリーダーシップは有害**である。

南カリフォルニア大学のウォーレン・ベニスは、「リーダーシップの終焉」と題した論文において、リーダーにはリーダーシップなどないほうがよい、と指摘している。ベニスによると、強烈なリーダーシップのある人はむしろ有害で、スターリン、ヒトラー、ナポレオン、毛沢東といった人物を例に挙げている。

ベニスによると、リーダーに必要なのは、部下を尊重し、部下との信頼関係を維持しつつ、親密な連合関係を築くことであるという。それらが従来的な意味でのリーダーシップと呼べるのかはさておき、そういうリーダーシップでなければ、持ってはならないのである。

面白いことにベニスが指摘する「よいリーダーシップ」というのは、歴史的に見ると、日本人のリーダーがやっていたことである。

日本人のリーダーは、自分がトップに立って何でも自分ひとりで物事を決めてしまうというよりは、みんなで寄り集まって、話し合いで物事を決めていく、という特徴がある。たまに織田信長のように、強烈なリーダーシップを持った人も出てくるが、そういう人はたいてい終わりがよくない。

つまり、日本式のリーダーシップは、まったく悪いことでも何でもなくむしろ歓迎すべきなのである。

何でも自分の思い通りにしないと気がすまない、という形でのリーダーシップを鍛えるのはとても危険である。

リーダーシップ・トレーニングでは、自己主張訓練などがなされることもあるが、そういう訓練を受けたりすると、かえって周囲の人との和を乱すことになる。**リーダーシップなど鍛えるべきではなくて、むしろ周囲の人との協調関係を結べるような能力や技術を磨いたほうがいい**のである。

世の中には、「リーダーシップ・トレーニング」を教えるセミナーがいくらでもある。そういうセミナーで生計を立てている講師の人たちには申し訳ないのだが、リーダーシップなど鍛えてはいけないのである。

「自己主張」を磨く人ほど、実は出世できない

よくあるビジネス雑誌や、ビジネス書には、「自己主張しなさい」「もっと自分を出しなさい」「控えめではいけません」などといったことが書かれている。自己主張能力を鍛えるトレーニング（アサーティブ・トレーニングという）のセミナーは、どこも大盛況であるという話も聞く。

しかし、これは本当のことなのだろうか。

私はかねてから、自己主張などしていたら周囲の人たちから煙たがられてしまうのではないかと思っていたのだが、やはりというか、自己主張などをすると出世できませんよ、という論文を見つけた。

オハイオ州立大学のレベッカ・サッカーは、上司87名に部下70名を評価させ、自分の部下についての「昇進可能性」を評価してもらった。

昇進可能性というのは、「この部下は仕事で成功すると思う」「もし私の後任を選ぶとしたら、この部下を選ぶ」「この部下は、高い潜在能力がある」という3項目で測定した合計値だ。

その結果、上司から昇進可能性がある、と高く評価される上での第1位の要因は、「自己主張しないこと」だった。「自己主張する」ではない。上司は、「自己主張しない」部下を高く評価していたのだ。

考えてみれば当たり前の話で、上司の立場からすれば、自分の言いたいことをずけずけと歯に衣《きぬ》も着せずに主張してくるような部下は、ただ憎たらしいだけである。そんな部下を出世させたいとは思わないのである。**ビジネス書でいう、「もっと自己主張しなさい」というのは、とんでもない大嘘だった**のだ。

だいたい「日本人よ、もっと自己主張せよ！」などと鼻息を荒くして述べているのは、地位の高い人たちばかり。彼らは、自分が自己主張することによってその地位にまで上りつめたために、自己主張が必要だと思っているのかもしれないが、それはその人が特別な人間だったからである。

ごく平凡な人が、そんな人の真似をしてはいけない。

基本的には、イエスマンになりきって、上司にはおべっかを使って、コメッキムシのようにペコペコしているのが正解である。そうしなければ、上司に好かれることはないし、嫌がらせを受ける。

「自己主張は大切」などと信じているのは偉い人だけで、下の人間はそんなことをこれっぽっちも信じていない、というデータもある。

オハイオ州立大学のスティーブン・カーは、ある製造工場と保険会社の社員に「どれくらいイエスマンになることは正しいと思うか？」と尋ねてみた。すると管理職で賛成したのはゼロ。彼らは、もっともっと自己主張することを求めていたのである。

ところが下っ端の社員に同じ質問をすると37％は「イエスマンになることは正しい」と答えていたのである。下っ端の社員は現実をよく知っている。イエスマンにならなければ、生き残れないという現実を肌身で感じてちゃんとわかっている。

いくら偉い人が、「もっと自己主張したほうがいいんだよ」と言っているからといって、

「それでは、今から言いたいことを言わせてもらいますね。まず僕は、あなたの仕事のやり方は、ものすごく能率が悪いとかねてから思っておりました。その理由は……」などと自己主張を始めたら、どうなるか。

おそらく相手は顔を背けて嫌な顔をするに決まっている。

「どんどん自己主張せよ!」というのは、とんでもないウソである。そんな言葉を真に受けてはならない。

「うわべだけの付き合い」のほうが、人間関係はうまくいく

「人間関係っていうのはね、どれくらい深く付き合えるのかが大切なんだよ」

「表面的な、うわべの付き合いじゃダメなんだよ」


読者のみなさんは、そんなアドバイスをほかの人から受けたことはないだろうか。

けれども、そんなに深い付き合いなどもともとできるわけがない。どんな人とも深い付き合いをしようとすると、当然、時間も労力も金銭もすべてが足りなくなる。深い付き合いなど物理的に不可能なのだ。

私たちが深く付き合えるのなど、せいぜいひとりか2人くらい。

それ以外の人とは、もう割り切ったうわべの付き合いをするしかない。割合でいうと、**99・9%は上っ面な付き合い。それが人間関係の現実**なのではないだろうか。

「上っ面な付き合いでは、楽しくないし、幸せも感じない」と言う人もいる。

けれども、決してそんなことはない。私たちは、上っ面な付き合いであろうがなんだろうが、それなりに楽しめるのである。だから、上っ面な付き合いでもそんなに気にすることはないのである。上っ面なつながりでも、まったく問題はない。

カナダにあるブリティッシュ・コロンビア大学のギリアン・サンドストロムは、242名の大学生に、講義の最終日に自分の知っているクラスメートの名前を書きださせ、それぞれの人との付き合いの深さを聞いてみた。

すると、64%の付き合いは、ものすごく浅く、単なる「うわべ」であった。

ところが、彼らがそういう付き合いを楽しめていないのかというと、そんなことは全然なく、たくさんのクラスメートと付き合っている人ほど幸せを感じていた。**うわべの付き合いであっても、数が多くなれば、人は幸せを感じられる**のである。

サンドストロムの論文には、「弱いつながりの驚くべきパワー」という副題がついているのだが、薄っぺらな付き合いでもかまわないのである。

「うわべでもいいから、どんどんいろんな人とお付き合いしなさい」というのが、正しい人間関係の姿勢であると思う。どんなに深くとも、ひとりとか2人しか友だちがいない人のほうが幸せになれない。

「深く付き合わなきゃ」と思うから、人間関係はストレスになる。

「ものすごく親密に、仲良くならねば」と頑張るから、付き合いが負担に感じる。

そうならないためには、薄っぺらの表面的な付き合いでいいや、と割り切ってしまうことである。いつでも一緒に行動するのではなく、顔を合わせれば挨拶だけはする、たまにメールで連絡を取り合う、年賀状だけは送る、そういうつながりで人間関係は十分なのだ。

うわべの付き合いではドライすぎて満足できないかというと、そんなことは決してないのである。**深く付き合おうと思わなければ、相手に好かれようが嫌われようがあまり気にしなくなるし、自然体でいられる。**

人間関係というのは、深く付き合おうとすると、たいていドロドロした関係になるものであり、むしろ水のようにさらりとしたうわべの付き合いのほうが、お互いに疲れないし、むしろ長く続くのだ。

コラム

ナルシストほど、幸せに生きられる

自分のことばかり考えて、ほかの人の気持ちなどまったく考えない人がいる。こういうタイプは自分が大好きで自分のことしか気にしない。ほかの人のことなど、どうでもいいと思っている。いわゆるナルシストがこれにあたる。

ナルシストは基本的に人に嫌われる。

そんな人が、幸せに生きてゆけるはずがない……と普通なら考えてしまう。ところが、決してそんなわけではなくて、ナルシストは幸せに生きているということを示すデータがある。

英国サウサンプトン大学のコンスタンティン・セディキデスは、ナルシストほど健康的であると述べている。

セディキデスによると、ナルシストには、

①日々の悲しみや抑うつを感じにくい
②日々の孤独感を感じにくい
③日々の不安を感じにくい

④日々の神経質傾向が低い
⑤日々、感じている主観的な健康度が高い

といった特徴があるそうである。ナルシストは自分が大好きで、ほかの人のことなどどうでもいいと思っているから、ほかの人にいくら嫌われようが煙たがられようが気にしない。ひとりでいても、孤独感などはない。ひとりで鏡を眺めていれば、何時間でも楽しい時間が過ごせるのである。

また、ナルシストは自尊心が高いから、自分の将来は何でもうまくいく、と根拠もなく信じている。だから不安も悲壮感もない。たいていの人は、「どうしよう？　このままで将来は大丈夫なんだろうか？」と悶々《もんもん》とした気持ちになることが多いのに、ナルシストは何の心配もしていないのである。

そんなナルシストは、たいていのことではストレスを感じにくい耐性のようなものが備わっているといえる。心の健康度がとても高いのだ。

人に対する思いやりを磨きましょう、というアドバイスはよく聞くが、もっとナルシストになりましょう、というアドバイスはあまり聞かない。ほかの人に迷惑をかけるな、というアドバイスはよく聞くが、もっとワガママになりましょう、というアドバイスも聞かない。

周囲との和を大切にする日本人にとっては、ワガママな振る舞いをするナルシストは許されざる存在であるが、本当はそんなに悪くないのかもしれない。

また自分のことが大好きなナルシストは、ほかの人から嫌われるような印象もあるが、実はこれも間違いである。

ナルシストは、自分に自信があるから、堂々とした振る舞いができる。オドオドしないのだ。そういう点が好ましく評価されるので、むしろ人気が高いというデータもある。

ドイツにあるヨハネス・グーテンバーグ大学のミーシャ・バックが、面識のない人を集めてひとりずつ自己紹介をさせ、自己紹介だけで人気度を測定してみたことがある。その一方で、ナルシストを測定する心理テストも実施した。

すると、ほかの人たちからの人気度が高いのはナルシストであった。ナルシストは、魅力的な表情を見せるのがうまく、自信のある身振りで自己紹介をする。また、彼らは自分が大好きなために魅力的な服装をしていることも多い。これらの理由により、ナルシストは、むしろ人気者になりやすいのである。

ナルシストは嫌悪されることが多いような印象があるけれども、それは間違いであって、もっとナルシストになってもいいのである。

第3章

政治と経済にまつわる残念な話

美人とハンサムは、仕事で成功する確率が高い

読者のみなさんは、「やっぱり仕事って、顔がよくなきゃうまくいかないよな」と感じたことはないだろうか。

美人とハンサムばかりがトクをして、ブサイクな自分はものすごくソンをしていると感じたことはないだろうか。

残念ながら、その印象は正しい。

この世の中は、美人とハンサムがトクをするようにできていて、ブサイクは割を食うようにできているのである。

美人とハンサムは、たいした努力もしていないくせにいろいろとトクをすることが多い。

これを**「ビューティ・プレミアム」**と呼ぶ。「プレミアム」というのは、「割増金」のこと

だ。

ハーバード大学のマーク・モビウスは、ビジネスシーンにおいては、顔だちがものすごく重要であると指摘している。

モビウスの結論を簡単にまとめると、次のようになる。

①魅力の高い人は、自分に自信を持っている人であることが多い。そして、自信があることはビジネスでの成功に役立つ。

②魅力の高い人は、雇用主や上司に有能と（誤って）評価されやすく、出世しやすい。

③魅力の高い人は、コミュニケーション・スキルが高い。つまり、人付き合いがうまい。人付き合いがうまければ、収入の増加に役立つのも当然である。

ブサイクな人は、自分に自信を持てない。そのため、たえずオドオドしている。職場でも自己主張もできない。美人やハンサムは、自分に自信があるからどんどん前に出ていく。そういう違いによって、美人やハンサムのほうが出世、昇進、昇給が早いのである。

また、顔だちのいい人は、「有能な人」と誤って判断されやすい。

これは次の項目で述べるが、顔だちがいい人は、「仕事ができそう」な雰囲気をぷんぷんさせている。そういう雰囲気を振りまいているから、周囲の人が勝手に誤解してくれるのである。

ブサイクな人は、なんとなく「仕事ができないイメージ」を与えてしまう。本人はまったく悪くはないのであるが、周囲の人は、ブサイクな人を見ると、「こいつは、仕事もできないんだろうな」と思ってしまうのである。単なる偏見であるが、ブサイクな人はその意味でものすごく割を食う。

また、**美人やハンサムのところには、どんどん人が集まってくる。顔がいいからだ。そのため、彼らは小さな頃から人付き合いの練習をすることができ、結果として、コミュニケーション・スキルも自然と磨かれることになる。**練習をしているという意識がなくとも、美人やハンサムは、毎日、人付き合いの練習ができるわけである。

その点、ブサイクな人のところにはあまり人は寄ってこないから、人付き合いの練習をする機会が相対的に少なくなる。そのため、コミュニケーション・スキルも磨けない。練習できないのだから、美人やハンサムに負けるのも当然である。

たとえ顔だちが少しくらい悪くとも、自分からどんどん前に出ていくとか、自分からほかの人に声をかけるとか、そういう努力をすれば、魅力的な人に負けないのかもしれないが、往々にしてブサイクな人は引っ込み思案になりがちである。そのため、魅力的な人には勝てないのである。

顔だちの悪い人は、選挙に出ても当選しない

見た目がいいと仕事がうまくいくという話をしたが、それは政治の世界でも同じだ。

「顔だちで、選挙の当選を7割予測できる」

こんなに大胆なことを言ったら、みなさんはどう思うだろうか。

おそらくは、「7割は言いすぎだろう」と疑問に思うのではないか。本人がどんな政策をアピールするのかとか、政治家としての経験や実績も重要だ、と思うのではないか。

しかし、**顔だちで選挙結果が予想できるというのは、まぎれもない事実であり、大げさなことを言っているわけではない。**

仕事ができそうな、頭がよさそうな、信頼できそうな顔だちの人は、選挙でも当選する。

プリンストン大学のアレキサンダー・トドロフは、顔だちだけから、選挙の当選を予測できるのかに興味を持ち、2004年の上院選挙に立候補した候補者32名の写真を並べて、「あなたなら、だれに投票するか？」と尋ねてみた。

その一方で、それぞれの候補者の顔だちについては、数多くの人に印象を尋ねて、「有能そうに見えるかどうか」ということも調べておいた。すると、「有能そう」に見えるかどうかを調べれば、なんと実際の当選結果を68・8％の正しさで予測できることがわかったのである。

「有能そう」に見える人は、約7割が当選するのに対して、「有能そうに見えない」人は、どんなに素晴らしい政策を訴えても勝てないのだ。

トドロフはさらに、2000年の上院選挙、2002年の上院選挙の候補者についても調べているが、前者では73・3％の精度で、後者では72・7％での精度で、顔だちが有能そうに見える候補者ほど当選することを突き止めている。

デラウェア大学のファン・チェンも、同じような実験をしている。

候補者を2人ずつペアにして、「あなたなら、どちらに投票するか？」と尋ねる一方、それぞれの顔だちについて、「有能そうに見えるか」を評価してもらった。なお、チェンの実験での「有能性」の評価は、「知的に見えるか」と、「何かを達成する意欲がありそうに見えるか」の2つの指標で測定されたものである。

その結果はというと、やはり有能そうな候補者のほうが当選しやすかった。

では、有能性ではなく、魅力についてはどうなのだろう。

ビジネスシーンでは、美人やハンサムほど仕事がうまくいくし、高い給料ももらえることが明らかにされているが、さすがに政治については、そんなことはないのだろうか。つまり、魅力的な顔をしているからといって、それだけで簡単に当選してしまうようなことはないのだろうか。

結論からすれば、やはり**美人とハンサムのほうが当選しやすい。**

イースタン・ケンタッキー大学のキャロル・シーゲルマンは、いくつかの州政府の名簿から、市長選、町長選に出馬した男性・女性の候補者の顔写真を入手し、魅力について219名の大学生に点数をつけてもらった。さらに、それぞれの人に投票してもらったのだが、男性候補者にしろ、女性候補者にしろ、「魅力的」とされた人ほど当選しやすいことがわかったという。

もし私に、私の知らない場所で行なわれた選挙の結果を予測してほしい、という依頼があったとしても、それぞれの候補者の顔を見れば、およそだれが当選したのかを予測することはできる。いや、みなさんにもそれはできる。

顔だちがよくて、有能そうに見える候補者を選べば、それが正解である確率は信じられないほどに高いのだ。

身長が2・5センチ高くなるごとに、年収は約8万円増える

背が高い人には朗報、背が低い人には悪夢のような実験報告がある。

背が高い人ほど仕事で成功しやすく、お金持ちになりやすいという報告だ。

「なんとなくそうなのかな？」と薄々と気づいている人もいると思うが、厳然たる事実としてそう断言されると、背の低い人には釈然としないかもしれない。けれども、世の中というのは、もともと不公平にできているものなのだ。

フロリダ大学経営学部のティモシー・ジャッジは、約8600名の人の身長と収入について の関係を調べ、きれいな比例関係が見られることを明らかにした。

ジャッジによると、身長が1インチ（約2・5センチ）高くなるごとに、年収は789

ドル（日本円で約8万円）ずつ高くなっていくそうである。つまり、身長183センチの人と、身長165センチの人とでは年に5000ドルもの年収の差が出るのだ。

年間でそれだけ差がつくのなら、20年、30年間では、どれだけの差が開くのかちょっと怖くなってしまう。


ピッツバーグ大学のアイリーン・フリーズも似たような推測値を報告している。

フリーズは、大学を卒業した卒業生2047名にアンケートを郵送し、入社時の給料と現在の給料を教えてもらう一方、身長についても質問してみた。

すると、やはり身長が高い人のほうが収入は高く、1インチ高くなるごとに、年収が600ドルずつ高くなる傾向が見られたという。

なぜ、身長が高いと、収入も高くなるのか。

その理由は、**身長が高いほうがリーダーシップがあるように見えるから**である。

身長が高いと、パワーがありそうに見えるし、頼もしく見える。そういう人は周囲の人たちからもリーダーと見なされやすい。そのため収入も増えていくのだろう、というのがジャッジの分析だ。

仕事をする上では、身長が高いほうが圧倒的に有利。

ついでに話は変わってしまうが、政治の世界でも、身長が高い人のほうが有利らしい。身長が高い候補者は、頼もしく見えるし、リーダーシップがあるように見える。そのため、身長が低い人に比べるとはるかに当選しやすいというデータもある。

カナダにあるケープ・ブレトン大学のスチュワート・マッカンは、1824年から1992年までの米国大統領選挙43回を分析した。

その結果、身長が高いほど選挙でも勝てるということが明らかにされたという。**ビジネスの世界でも、政治の世界でも、「身長がモノを言う」世界だ**といえるであろう。

身長が低い人は、できるだけ猫背にならないように普段から姿勢を良くして胸を張るようにするとよい。それだけでも3センチくらいは背が高く見える。「たかが3センチ」と笑うなかれ。それだけでも年収はずいぶんとアップするはずだからだ。

デブは標準体重の人に比べて、給料が低い

身長の話に続き、体重に関する真実をお話しよう。

肥満者は、それだけ人に悪い印象を与えてしまう。本当は、そんなことがないにもかかわらず、「面倒くさがり屋」であるとか、「性格が陰気」であるとか、「意志が弱そう」とか、そういうネガティブな印象を与えてしまう。

そのためかどうかはわからないが、**肥満者は、標準体重の人に比べると給料が低くなる傾向がある。** これは、もうはっきりしている。

ピッツバーグ大学のアイリーン・フリーズは、身長によっても給料は異なるが、肥満かどうかによっても給料は異なってくることを突きとめた。

肥満者は、入社時点ですでに普通の体重の人よりも3000ドルも給料の低い仕事にしか就けない。おそらくは、偏見や差別を受けるせいであろう。

「肥満」というレッテルを貼られてしまうと、それだけでマイナスの評価を受けやすくなる。大切な仕事をまかせてもらえなくなるし、簡単な仕事しかさせてもらえない。そうならないためには、簡単なことで、痩せればいいのである。

体重を減らすことは、本人の努力でなんとかなる。

頑張れば、だれでも体重は減らせる。減らせないのだとしたら、頑張りが足りない。

「別に少しくらい太っていたって大丈夫だよ」

と考えている人もいるだろうが、それは考えが甘すぎる。**太っていたら必ずマイナスの評価を受けるのだから、できるだけスリムでいたほうが、幸せな人生を歩めることは間違いない。**

標準体重を大幅にオーバーしているのなら、すぐにでもダイエットしたほうがいい。「痩せたって、何が変わるわけでもないし」と思うかもしれないが、痩せればみなさんの人生は劇的に変わる。これはもう間違いない。

太っていると、いろいろなところで差別を受ける。

たとえば、米国メーン州にあるハッソン・カレッジのランブロス・カリスは、肥満の男子大学生と標準体重の男子大学生にお願いして、11の不動産屋を訪れて部屋を借りるという実験をさせてみたことがある。

すると、肥満者は訪れた11の不動産屋のうち、5つの不動産屋で断られた。断られた5つのうち、3つではさりげなく賃料の値上げをされ、2つはすでに別の人と契約が決まっている、というウソをつかれた。

ところが、標準体重の人が、同じ11の不動産屋を訪れると、11のすべての不動産屋が快く部屋を貸してくれたのである。

このデータからわかるように、肥満者はいろいろと差別されやすいのである。職場でも同じ目に遭うことは言うまでもない。

太っているという自覚があるのなら、仕事の知識を増やすとか、英会話を覚えるとか、仕事のスキルを向上させるというよりも、まずはダイエットをしたほうが現実的には多くの利益があるであろう。

仕事で成功するかどうかは、あなたの「名前」で決まる

仕事ぶりがよくとも、意欲的でも、それでもあまり評価してもらえない人がいる。

逆に、ちゃらんぽらんに仕事をしているように見えて、それでもけっこう周囲からのウケがよい人もいる。

彼らには、いったい、どんな差があるというのだろう。

可能性のひとつは、彼らの**「名前」**だ。

オーストラリア・メルボルン大学のサイモ・ラームは、500人の弁護士の名前の呼びやすさと、それぞれの職場でのポジションの関係を10の法律事務所で調べた。その結果、「呼びやすい名前」を持った弁護士は、それぞれの事務所での出世率が高くなることがわかったという。

呼びにくい名前の人は、仕事ぶりがよくともあまり良い評価は受けられないようである。

なぜかというと、名前が呼びにくいということは、敬遠されがちな傾向があるからだ。

そのため、できれば仕事のときには、別の名前にしたほうがいいかもしれない。あるいは、呼びやすいあだ名やニックネームをつけてもらおう。

簡単に呼びやすい名前を持った人のほうが、周囲の人からも声をかけてもらいやすい。名前を呼んでもらえれば、親しみやすさや好感度も高まる。そういうことが間接的に影響して、呼びにくい名前の人よりも出世が早くなるのであろう。

日本でも、呼びにくい苗字の人がたまにいる。

そういう人は、ほかの人に「名前のほうで呼んでください」「あだ名で呼んでください」などとお願いしておけばどんどん話しかけてもらえるし、名前の呼びにくさをカバーすることができるのではないだろうか。

ただ、「呼びやすい名前のほうが出世しやすい」というデータとは、矛盾するようなデータもないわけではない。

米国サウサンプトン大学のウィーナド・ファン・ティルバーグは、一般相対性理論についての簡単な説明がしてある文章を作り、それを85名の大学生に見せてみた。文章はすべて同一だったのであるが、書き手の名前だけが変えてあった。具体的には、ミドルネームをどんどん長ったらしく増やしてみたのである。

「デビッド・クラーク」（ミドルネームなし）
「デビッド・F・クラーク」（ひとつ）
「デビッド・F・P・クラーク」（2つ）
「デビッド・F・P・R・クラーク」（3つ）

さて、それぞれの文章を読んだ学生に、「その内容にどれだけ同意できるか？」と7点満点で点数をつけてもらったところ、ミドルネームなしの場合で4・92、ひとつの場合で5・80、2つの場合で5・05、3つの場合で6・00という結果になったそうである。

ミドル・ネームが増えれば、それだけ知的に見えるらしく納得されてしまう人も増えるのである。

苗字や名前に漢字が4つも5つも使われている人は、名刺交換をしても相手を驚かせることができるし、威厳を感じさせることができるのではないかと思う。

逆に、ひらがなの名前だと、どこか軽いというか、安っぽい印象を与えてしまうこともあるのではないだろうか。

名前の呼びやすさは、選挙の当落にも影響する

あなたの名前がいかに重要かという話をしたが、不特定多数の人たちに自分に投票してもらわなければならない選挙において、それはより顕著になる。

政治家の中には、立候補するときに読みにくい苗字や名前をひらがなにする人が多い。「貴志」という名前を「たかし」とひらがなにするように、である。

おそらく彼らは、できるだけ親しみやすい印象を与えたほうが当選しやすいということを経験的に知っているのであろう。そして、それは正しい。

名前は、できるだけスムーズに発音することができ、しかも音の響きがよく聞こえる名前のほうが当然ながら有権者に対しては好印象を与えることができ、それが選挙にも影響する。これを**「ネーム効果」**という。

ケンタッキー大学のクリス・オーサリバンは、「マーク・フェアチャイルド」という名前と、「ジョージ・サングマイスター」という2人の候補者の名前だけを見せて、「あなたはこの人に投票するか？」と尋ねてみた。日本人にはちょっとわかりにくいかもしれないが、前者のほうが〝耳に心地よく聞こえる名前〟であり、後者は〝あまりよく聞こえない名前〟であることが事前の調査で確認されている。

さて、その投票結果を見ると、「マーク・フェアチャイルド」には47％が投票すると答え、「ジョージ・サングマイスター」のほうは23％であったという。名前だけでも、ずいぶんと投票に影響してしまったわけだ。

外国人の名前には、**「成功しやすい名前」というのもある**らしい。

カリフォルニア州立大学のアルバート・メラビアンは、858名のファースト・ネームを、660名の大学生に評価させて、それぞれの名前からどんな印象を受けるのかを調べてみたことがある。

メラビアンといえば、「メラビアンの法則」（人は見た目が重要という法則）でも有名であるが、こういう研究も行なっている。

さて、メラビアンの調査によると、男性名では「アレキサンダー」や「ソロモン」といった名前が「成功しそうなイメージ」を与える名前であり、女性名では「エリザベス」「キャサリン」がそれにあたるという。

また、「呼びかけやすいので、人気がありそう」と評価された名前は、〝短い名前〟だそうであり、男性名では「マーク」、女性名では「ケリー」などが「人気者」「陽気」「温かい」といった印象を与えることができるそうだ。

これらの研究からわかるように、その人の名前というのは、その人の印象にものすごく大きな影響を与えるのである。

私たちが親になって、自分の子どもの名前を考えるとき、一生懸命に名前を考えるのが普通だと思うが、それはたしかに必要であろう。

あまりよくない名前を子どもにつけてしまうと、子どもは一生苦労することになってしまうからである。

芸能人やタレントの中には、名前を変えることによって売れ始める人もいるというが、それもまた名前の持つ響きなどが影響しているのであろう。

「たかが名前ひとつで……」と簡単に考えてはならない。

名前というものは、その人全体の印象にも大きな影響を与えるのである。

名前だけで、選挙に当選するかどうかさえ決まってしまうのだから、仕事のやりやすさにおいても、職場の人間関係においても、さらには結婚相手を選ぶときにも、さまざまなところで影響するのだと思っていたほうがいい。

会社の業績は、「社名」で決まってしまう

名前は人だけでなく、会社の運命をも決めてしまう。

「ソニー」のもともとの社名は、「東京通信工業株式会社」。もともとの名前もそれほど悪くない社名であるが、漢字ばかりで堅苦しいイメージがある。「ソニー」という名前の響きから感じるような、爽やかさ、みずみずしさ、若さ、といったものに欠ける。

会社の業績というものは、社名で決まってしまうことが多い。

したがって、どんな社名にするかは、会社にとってはものすごく大きな問題なのである。

たとえおかしくはなくとも、**ごくありきたりで印象の弱い名前の会社は、残念ながら業績を伸ばすのは難しい。**

ニューヨーク大学のアダム・オルターは、1990年から2004年までのニューヨーク証券取引所とアメリカン証券取引所で取引された約1000の銘柄の株価を調べた。調べる目的は、社名によって株価の高さが影響を受けるかどうかだった。

その結果、「ベルデン」といった口でも発音しやすい名前の企業は、「マジャル・ターヴクズレーシ」とか「レースヴェーニュタールシャシャーグ」といった会社よりも、株価が高くなる傾向があったという。

商品でもそうだが、ネーミングが悪いと、いまいちヒットしない。ヒットする商品は、やはり名前の印象がよいとか、記憶に残りやすいとか、発音しやすい、といった特徴を持っているものである。

会社についてもそうで、「ベルデン」のほうが、「レースヴェーニュタールシャシャーグ」よりも、覚えやすいし、口にしやすい。そしてそういう会社のほうが、消費者にも認知されやすく業績も伸びるのである。

ネット書店の最大手「アマゾン」は、社名の名前の響きがとてもよい。

もしアマゾンが、アマゾンという社名ではなく、もっと違う名前であったとしたら、今のような企業にまで成長できたかどうかは疑問だ。

日本人の起業家が、社名を決めるときには、姓名判断の先生などにお願いして画数などにこだわることが多いようであるが、本当は、**言語心理学の先生にお願いして言葉の響きやイメージを調べてから決定したほうがよい**ように思う。そのほうが、どんな業種の仕事をするにしても、会社は伸びていくのではないだろうか。

「ハーゲンダッツ」も、酪農が盛んなデンマークの会社のような響きがあるが、実際にはアメリカの会社である。

アメリカの消費者にヨーロッパ風だというイメージを与え、ヨーロッパの伝統を感じさせるためにこのような社名にしたという。しかも創業者のルーベン・マッタスは、デンマークの国土の一部の形を会社のロゴにまで取り入れている。うまい仕掛けだ。

「作家になりたい！」をおススメできない理由

「私は、どうしても物書きになりたいんだ！」
「作家になって、優雅な印税生活を送ってみたい！」

そういう願いを持った人は、大勢いるのではないかと思う。かくいう私自身、小学生の頃からずっと本を書く仕事に憧れていて、今は夢がかなったのでものすごく幸せな人生を送っていると思う。

しかし、本を読む人口が減ってしまい、出版業界全体の売上げがどんどん目減りしていることから考えれば、とてもではないがあまりおススメできる職業ではない。印税で暮らしていけるような作家は、ほんの一握りにすぎず、たいていの作家さんは食べていくことさえままならないような状態なのが実情である。

さらに、作家になりたいと願う人にとっては、冷や水を浴びせかけられるようなデータもある。

それは、**モノを書く仕事というのは精神的に病みやすい**ということだ。

お金がたくさん入ってきて、ウハウハでハッピーな生活をしているのかと思いきや、現実には、ものすごく精神的に病んでいるのである。

イタリアにあるジェネルクシ・メディカル・センターの研究員アントニオ・プレッティは、19世紀から20世紀に生きた著名な芸術家として、3つのグループをとりあげた。

ひとつは、言語にかかわる芸術家であり、2259名の詩人と作家のグループ。もうひとつは、視覚にかかわる芸術家であり、834名の画家と彫刻家のグループ。最後に、音楽にかかわる芸術家で、作曲家やオペラ歌手のグループである。

プレッティは、それぞれのグループごとに、精神的に病んでいる指標としての「自殺率」を計算してみた。

すると、もっとも病んでいるのは「詩人」で全体の2・6%が自殺していた。ついで「作家」の自殺も多く、全体の2・3%であった。

逆に、もっとも精神的に健全だったのは音楽にかかわる芸術家で、作曲家もオペラ歌手も自殺率は0・3%ずつであった。

モノを書くためには、自分の内面をのぞかなければならず、内面をのぞくという行為は、往々にして人間の嫌な側面を見つめることにつながる。そのため、作家という職業では自殺が多くなるのであろう。

自殺した作家というと、太宰治であるとか、川端康成であるとか、三島由紀夫であるとか、芥川龍之介であるとか、いくらでも名前が出てくるのに、画家や彫刻家、あるいは作曲家などについては、あまり名前が思い浮かばない。

作家を目指す人にとっては、あまり愉快なデータではないかもしれないが、ほかの職業を選んだほうが、精神的に病んだりもせず楽しい人生を歩めるのではないかと思う。

「それでも作家になりたいのだ！」というのであれば、止めはしないけれども、茨《いばら》の道が待っていることだけは十分に覚悟してほしい。

ブレストをいくらやっても、よいアイデアは絶対に生まれない

日本人は会議が大好きである。

みんなで知恵を出し合えば、それだけ素晴らしいアイデアが生まれるのだろうという考えは、だれもが共有している。

自由な雰囲気の中で、お互いに言いたいことを言い合うやり方を、**「ブレーン・ストーミング」**と呼ぶ。略して、「ブレスト」と呼ばれることも多い。アレックス・オズボーンという学者によって提案された会議方式だ。

さてさて、衆知を集めればそれだけよいアイデアが生まれる、と言われれば、なんとなくそんな気がしないでもないのであるが、実際のところ本当に効果的なのだろうか。

ミネソタ大学のマービン・ダネットという心理学者が、応用心理学の専門誌に発表した論文をご紹介しよう。

ダネットは、48名の研究員と、48名の広告業の社員を集めて、4人のグループを作ってもらい、いくつかの問題を集めてアイデアを出してもらった。また、個人でも同じ問題に対してアイデアを出してもらった。

では、やはりグループで作業をしたほうがよかったのであろうか。

現実には、まるで逆の結果が出た。

24のグループのうち23のグループにおいては、個人でやらせたときのほうが、たくさんアイデアを出すことができた。グループのほうがたくさんアイデアを出せたのは、わずか1グループのみ。

ブレストをすれば、ポンポンアイデアが出てくるのかというと、そんなことにはならないのである。むしろ、**ひとりで考えたほうが、能率よくアイデアは出てくる**のである。

同じような結果は、400名の高校生と大学生を使ったドイツ・テュービンゲン大学のマイケル・ディールの実験でも明らかにされている。グループでやらせると、むしろ「アイデアは出なくなる」のだ。

なぜブレストをすると、個人でやるよりもアイデアが出なくなるのだろう。

その理由は、ディールによると、「余計なおしゃべり時間」も増えるからだそうだ。グループで作業をすると、必ずだれかがまったく関係のない話をし始める。それによって時間が浪費される。

また、だれかがしゃべっているときには、ほかのメンバーはその人の言葉に耳を傾けなければならない。それもやはりムダな時間である。こういう理由で、個人でやったときのほうがアイデアはたくさん出るのである。

ちなみに、ディールによると、グループで、個人と同じ量のアイデアを出そうとすると、4倍もの時間がかかってしまうらしい。なんとも非生産的だ。

「よし、みんなでブレストしよう！」

日本人ビジネスマンは、何かというと、ブレスト会議をやりたがるが、実際のところ、あまり効率がよくない。**事前に個人でアイデアを出してきてもらって、それを会議に持ち寄るのであればまだしも、会議の場で何かを考えようというのは、ムダな時間が増えるだけ**である。

そういえば、私は高校生、大学生の頃に、「グループ学習」をするのが嫌いであった。

友達や先輩と集まって一緒に勉強をしようというのであるが、私には合わなかった。ひとりで勉強したほうが絶対に能率がいいので、私は1、2回くらいしかグループ学習をした経験がない。

ブレストも同じようなもので、みんなで集まったからといって、それだけよいアイデアがどんどん出せるのかというとそんなことはなく、むしろ個人でアイデアを出させるようにしたほうが、はるかによいアイデアが出てくるものなのである。

「みんなで話し合う」のが大好きな日本人にとっては耳が痛い話ではあるけれども、**ブレストは無意味な時間の浪費でしかない。**

「専門家」と呼ばれる人たちの判断はあてにならない

お医者さんは、人の命を預かるのであるから、よほど信頼に足る判断をしてもらわなければ困ってしまうわけであるが、けっこう判断もいい加減なようである。

Aという医者が下す判断と、Bという医者が下す判断がまったく食い違うというようなケースは珍しくない。そのため、あるひとりのお医者さんの判断だけでなく、別のお医者さんにも判断を求める「セカンド・オピニオン」が重要になってくるわけである。

「先生の判断だけだと心もとないから、別のお医者さんにも念のため判断してもらいますよ」などと面と向かって言ってしまうと、主治医もいい顔をしないだろう。

しかし、人間のする判断などもともといい加減なものに決まっているのだから、セカンド・オピニオンを求めることは、必要なことなのである。

面白いデータをひとつご紹介しよう。

アドルフ・ヒトラーといえば、ナチス・ドイツの総統であり、何百万ものユダヤ人を虐殺したことで知られる。そのためヒトラー自身については、驚くほどたくさんの研究資料が残されている。

それだけたくさんの資料があるのだから、ヒトラー自身についても正しい診断がなされてもよさそうなものであるが、精神科医によって、まったく診断がバラバラなのだ。

ネブラスカ在住の臨床家トーマス・ヤングと、ウェスタン・ニュー・メキシコ大学のL・フレンチという研究者は、ヒトラーについての分析をまとめて、精神科医によって「妄想狂とヒステリックな精神神経症患者」と診断したり、「劣等コンプレックス」と診断したり、「精神分裂の神経症的境界例」としたり、「ヒステリー症状を伴ったサイコパス（精神異常者）」としたり、「境界例性格」としたりと、バラバラであることを突き止めている。

お医者さんは、もちろん決められたガイドラインにしたがって診断をしている。

精神科医の場合だと、ＤＳＭという診断基準がちゃんとあるのであって、それにしたがって診断をしている。

にもかかわらず、やはり医者によって判断が分かれてしまうのだ。だからこそ、「誤診」

で訴えられるお医者さんも多いのであろう。もちろん、本人に悪気はないと思うのだが。

実は、**医者に限らず、専門家の判断というのはけっこういい加減**である。

これについては、次に項目を改めて論じるつもりであるが、お医者さんだけがいい加減な判断をしているわけでは全然なくて、それ以外の職業の専門家だって、いい加減さにおいては似たり寄ったりなのである。

私たちは、「〇〇の専門家」と聞くと、いつでも正しい判断を下す人を連想してしまうかもしれないが、そんなわけにはいかない。専門家といってもしょせんは人間なのであって、人によって判断が違ってくるといったことは、日常茶飯事的に見られる現象なのだ、ということは覚えておいたほうがいいだろう。

専門家が信頼できるかできないかは、業種でわかる

「専門家もけっこういい加減で信頼できない」と言ったが、その度合いは業種によって違う。それぞれの業種に専門家がいるわけだが、その中でも信頼できる業種の専門家と、信頼できない専門家がいる。これは事実である。

どういう職業の専門家が信頼できるのかというと、同じ業種の専門家であれば、同じ判断や決断を下す場合が、「信頼できる専門家」ということになる。

ある専門家がAといい、別の専門家が「いや、この場合はBが正解だ」と専門家によって意見が割れてしまうようなら、その業種の専門家は信頼できないというわけである。

カンザス州立大学のジェームズ・シャントーは、専門家同士が、同じような判断をする職業を「信頼できる専門家」とし、意見がバラバラになりがちな職業を「信頼できない専門家」として、それぞれの職業を分けている。

シャントーの分析によると、正しい判断ができるのは、

○ 家畜の判定士
○ 天気予報士
○ 天文学者
○ チェスのプロ
○ 数学者
○ 物理学者
○ 保険のアナリスト

などであるという。

たとえば、「ひよこ鑑定士」という資格がある。ひよこのオスとメスの違いを見分ける専門家であるが、ひよこ鑑定士は、シャントーによれば信頼できる専門家であるという。

この資格を持っている人なら、ほぼ100％、オスとメスの違いの判断はできるからだ。天気予報士などは、けっこう予報士によって意見がバラバラになるような印象もあるのだが、現実にはそうでもなく、基本的には同じような判断を下す。だから信用できるのである。

では、専門家によって意見が割れてしまう、すなわち、「信頼できない専門家」はどういう職業なのか。それは以下である。

○臨床心理学者
○カウンセラー
○精神科医
○裁判官
○ウソ発見技師
○株のブローカー

なんと心理学者も、「信頼できない専門家」のカテゴリーに入ってしまっている。これは心理学者にとっては耳の痛い話である。たしかに私の目からしても、「臨床系」の心理学者には、うさん臭い人が多いし、そもそも臨床心理学は科学ではなく、アート（芸術）の部分が大きいと思っている。

職業によっては、専門家だからといって、何でも鵜呑みにしてはいけないということである。

立候補が遅れると、選挙では必ず不利になる

中田太郎
新井源太
田島浩一郎
宮下一郎
佐藤幸作

選挙において、このような順番の名前のリストがあったとする。さて、このリストを見ただけで、だれが当選しやすいのか、読者のみなさまはおわかりになるだろうか。

ムリだと思うであろう。

ところが心理学者の私なら、およその予想ができてしまうのである。

さて、当選しやすいのは、「中田太郎」だ。「新井源太」が次点ということになる。逆に、もっとも落選しやすいのは「佐藤幸作」で、その次が「宮下一郎」ということになる。

なぜ、こんな予想ができるのか。

たいていの選挙においては、届け出順の早い人のほうが候補者リストで先に名前が挙がることになる。そして、当選しやすいのは先に名前が挙がっている人のほうなのだ。これを心理学では、**「プライマシー効果」（首位効果）**と呼んでいる。

名前のリストで先に出てくる名前のほうが、有権者には目立ちやすい。それに強そうなイメージがある。「一番乗り」という感じがするのだ。

ポスターでいうと、上のほうに写真が貼られているポスターのほうが、下に貼られているポスターよりも強そうなイメージがある。だから、上の方に貼ってもらえた候補者は当選するし、下の方に貼られた候補者は落選する、と心理学では予想できるのである。

ギリシャにあるテッサリー大学のゲルギオス・アバコウムキンは、１９９６年、２０００年、２００４年のギリシャの議会選挙を分析してみた。その結果、投票用紙のリストで先に名前が挙がっている候補者ほど、当選しやすいことが明らかにされたという。

選挙は、できるだけ早く立候補しよう。候補者リストの中で上位に名前が挙がるようにすれば、それだけ当選する確率も高くなるのだから、のんびり立候補していてはダメである。のんびりしていたら、投票日を待つまでもなく落選が決まってしまうことさえあるのだ。

どれだけ熱心に選挙活動をするかとか、どんな政策を訴えるのかということも、もちろん当選には影響するであろう。しかし、**候補者リストで先のほうに名前が載っていることのほうが選挙活動よりも大切**だったりするのである。

私たちが、何らかの選択や判断を行なうときには、いろいろな選択肢を検討するのではなく、面倒臭いので最初のものをそのまま選んでしまう、ということは少なくない。

たとえば、お酒や料理を注文するとき、「いろいろと選択できます」と言われても、面倒くさいので、最初に店員に言われたものを「あ、じゃ、それで」と言ってしまうことは、よくあるのではないか。

選挙でもそうで、だれがだれだかよくわからないときには、もう面倒なので、リストの一番に名前が挙がっている人をそのまま選んでしまうことは少なくないのである。

コラム

テクノロジーが進歩するほど、かえって人災は増える

テクノロジーの発展は基本的によいこと、とされている。

たとえば機械やコンピュータが管理したほうが、間違いは少なくてすむ。なぜなら、人間はちょっと疲れてくると、いや疲れていなくとも、うっかりとミスを犯すからである。

ところが、テクノロジーが進歩すればするほど、かえって人災も増えやすくなる、という不幸な現実もあるのだ。

たとえば、飛行機がハイテク化されればされるほど、操縦士は計器類を信用してしまって、自分の目で見たものを信用しなくなり、それが事故につながることも増えてきているといわれている(『機長の心理学』デヴィッド・ビーティ著、講談社＋α文庫)。

自分では「何かおかしい」ということに薄々と気づいているのだが、「計器がそういう指示を出しているのなら、それが正しいのだろう」と信じてしまうのである。「このままでは事故になる」と危険が間近に迫っていてさえ、自分を信じることができなくなるのだ。

また、テクノロジーの進歩によって機械のミスが少なくなればなるほど、人間はか

えってめったに起きないミスを発見するのが難しくなることを示すデータもある。

ハーバード・メディカル・スクールのジェレミー・ウォルフは、空港にあるようなバッグ・スクリーニング作業を被験者にやらせた。ある特定の危険物が出てくるのを発見する作業である。

なお、危険物の出現確率は1%、10%、50%と設定されていて、２０００個のバッグが通り抜けていくことになっていた。

出現確率が50%のとき、実験参加者が気づかずに通してしまった確率はわずか7%であった。ところが10%になると、気づかずに通してしまった確率は16%に上昇し、さらに1%のときには30%も気づかずに通してしまったのである。

人間は、めったに起きないことを監視するのは、とても苦手なのだ。

この結果から考えると、機械が進歩してどんどんミスをしなくなればなるほど、人はそれに気づくことが難しくなるであろうと予想される。なぜなら、「めったに起きない」と思っていたら、注意して監視しつづけることもできなくなるからである。

機械が信用できなかった時代のときには、人は注意して自分の目で確認しなければならない。ところが機械の信用度が上がって、もうほとんどミスをしないくらいの精度にまでなると、人は機械を信用して自分で監視しようとさえ思わなくなるのではないか。

医療技術の発達によって、お医者さんの診断技術はどんどん落ちているという話も聞く。

かつてのお医者さんは、自分の目と経験を頼りに診断していたのだが、最近は、機械から得られたデータだけで判断してしまう。そのデータが間違えているとはあまり考えない。だから、とんでもない誤診をしてしまうこともある。きちんと自分で診断すればいいのに、機械がはじき出すデータに頼りすぎてしまうのだ。

テクノロジーの進歩は、基本的によいことではある。

しかし、それによって人間の技術がどんどん退化していく、という現実もその一方であることを忘れてはならない。

第4章

実はウソだらけの日常常識

「モーツァルト」を聴いても頭はよくならない

「モーツァルトを聴くと、頭がよくなってしまう」というお話を、読者のみなさんはどこかで耳にしたことがあるだろうか。

たしかにモーツァルトを聴くと、牛の乳の出がよくなったり、病気が治ってしまったりということは現実にあるようだ。けれども、**「頭がよくなる」という、いわゆる「モーツァルト効果」の存在については疑問符がつけられている。**

1993年に、カリフォルニア大学のフランシス・ラウシャーは学生36名にモーツァルトの『二台のピアノのためのソナタ　ニ長調』（K448）を10分間聴かせた後、空間把握に関する知能検査を実施したところ、聴かなかった学生に比べて8から9ポイント高い得点が得られたという驚きの結果を報告した。これがオリジナルの論文である。

しかし、本当にそんなことがあるのかと、多くの心理学者がすぐに追試を開始した。

まず1997年、米国アパラチア州立大学のケネス・スティールが、ラウシャーとほぼ同じ実験での追試を行なったのだが、モーツァルト効果は確認できなかった。

さらに1999年にカナダのウィンザー大学のクリスティン・ナンタイスは、モーツァルト効果を確認したが、それは「モーツァルトが好きな人だけ」に効果が見られるという、限定的な結果であった。だれにでも効果があるわけではなかったのである。部分的には正しいといえるかもしれないが、ものすごくあやふやな結果であった。

さらに2000年には、フロリダ・サザン大学のリン・マックシェンも同じ実験を試みるのだが、ここでも「モーツァルト効果はない」という結論が得られた。

では、全体としてはどうなのか。

ハーバード大学のクリストファー・チャビスは、モーツァルト効果を調べた16の研究を探し出し、それらを統合するメタ分析という手法で再分析してみた。

すると、モーツァルトを聴いた後のIQの高まりは、わずか1・4ポイントにすぎず、「効果なし」というのが妥当であると結論づけている。

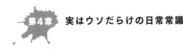

結局のところ、**モーツァルトを聴いたからといって頭がよくなってしまう、というようなことはない**ようである。

というより、頭のよさについては、かなりの程度まで「遺伝」によって決まるのであって、モーツァルトを聴くだけで飛躍的に知能が高まる、ということはないのである。そんなに簡単に頭はよくならない。

ついでに言うと、「ラクして勉強できる」とか、「ラクをして英会話を覚える」ということを謳《うた》った商業用CDやDVDなどは、ものすごく〝うさん臭い〟ように思える。お手軽に勉強をしたり、頭をよくすることなどできない。ものすごく一生懸命にやらなければ、頭はよくならないのではないかと思う。

小さな自分の子どもに、必死にモーツァルトを聴かせていた親もいると思うのだが、残念ながら、そんなことでは子どもの頭はよくならない。

しかし、それだけ「教育熱心な親」に育てられた子どもであれば、モーツァルト効果などに頼らなくとも、子どもも親の期待に応じようとして、頭がよくなる、ということはあるかもしれない。

「集中力」を発揮すると、パフォーマンスはかえって落ちる

学生の頃、先生から「もっと集中しろ！」と怒られた経験のある人は多いであろう。

社会人になって、先輩や上司から、「もっと集中しろ！」と怒鳴られたことのある人も多いであろう。ひとつのことに集中しなければ、よい仕事はできないぞ、というのである。

しかし、本当に集中しなければダメなのだろうか。

むしろ、**適当な具合で集中していたほうがよい結果を残せる、ということだってある**のではないだろうか。

実際のところ、集中力がアダになるケースというのは、いくらでもある。

ロンドン大学のモーセン・シャフィザデは、30名の参加者にゴルフのパッティングを50回やらせるという実験をしたことがある。

なお、パッティングをさせるときには、「ホールに集中してくれ」と指示されるグループと、「自分のスイングに集中してくれ」と指示されるグループがあった。これら2つは、対象は異なるものの、どちらも〝集中〟グループである。

もうひとつのグループでは、「ホールと自分のスイングのどちらにも集中してくれ」と指示された。こちらは、集中力をわざと分散させるグループである。

さて、ホールからの距離、すなわちパッティングのうまさを測定してみたところ、集中力を分散させたグループのほうが、はるかに上であった。ひとつに集中させるグループにはどちらにも差がなかった。

つまり、「ひとつのことに集中しなさい」などと言われると、私たちはかえって集中できなくなってしまうのである。

「目の前の本に集中して、勉強しろ！」と言われると、私たちには天邪鬼《あまのじゃく》なところがあるので、ゲームのことや遊ぶことばかりが頭に浮かんでしまう。

「目の前の仕事だけに集中しろ！」と言われると、週末に何をしようとか、晩御飯に何を食べようか、という雑念が浮かびやすくなる。

だから、**ひとつに集中しようとすると、かえってパフォーマンスは悪くなる**のである。

むしろ、ほどよく集中力は分散していたほうがよいようだ。

「音楽を聴きながら勉強する」というやり方も、ほどよく音楽のほうに集中力がそがれるからこそ、かえって能率が高まるのではないかと思われる。

仕事中のおしゃべりも、絶対にダメなのかというと、そうでもない。おしゃべりに夢中になりすぎてはもちろんダメに決まっているのだが、それぞれが適度におしゃべりをしていたほうがお互いに目の前の仕事をこなすスピードが速くなったりすることもある。

「勤務時間中は、絶対に私語禁止！」などという貼り紙をしている会社もあるだろうが、**あまり仕事に集中させすぎると、従業員のパフォーマンスは落ちてしまうこともある**ということは知っておくとよい。

タバコにだって、少しは「利益」がある

タバコを吸わない人が多くなったせいで、喫煙者はとても肩身の狭い思いをしている。街中でも、電車でも、バスでも、建物の中でも、喫煙は厳しく禁止されている。どこか決められた場所に隔離されて、こっそりと煙を燻《くゆ》らせるしかない。

「タバコなんて、百害あって一利なしだよ」

タバコを吸わない人は、言う。

しかし、本当にタバコは百害しかないのか。それは言いすぎではないのか。一寸の虫にも五分の魂という言葉もあるが、タバコにだって一利くらいはあるのではないか。

などと考えながら、「タバコにも利益がある」という心理学の論文を探ってみたところ、喫煙者にとって福音となるようなデータをいくつか発見した。タバコが死ぬほど大嫌いな人は、読み飛ばしてもらってもいいのだが、ご紹介しよう。

アイオワ州立大学のポーラ・モローは、ホテルで働く従業員136名を対象にして、まず従業員を2つのグループにわけた。タバコを吸う65名と、吸わない人71名である。

まずモローは、上司にお願いして、それぞれの従業員が協力的か、職務知識があるか、質の高い仕事をしてくれるか、社外の人との関係は良好か、などの点について5点満点で採点してもらった。

すると、喫煙者のほうが、評価の総合得点は高くなることが明らかになった。

喫煙者は、「タバコを吸うために席を離れることが多いので、その分、仕事をしていない」などと煙たがられることが多いのだが、タバコを吸うための時間を補って余りあるほど、仕事をしているのである。別に、サボっているわけではないのである。

むしろ、タバコを吸わずに、ずっと仕事をしている人のほうが、あまり仕事はできないのが実情だ。

モローによると、特に顕著なのが「社外の人との関係」であり、喫煙者は5段階評価で平均4・10の得点を挙げたのに対して、吸わない人は平均3・61点であった。

喫煙者には、人当たりがよく、社交的な人が多い。

なぜかはわからないが、そういう傾向がある。

そのため、彼らは、社内の人にも好かれるのだが、社外の人にも好かれるのである。

さて、タバコを吸うことにはもうひとつくらい利点はないのだろうか。

これも、ある。

タバコを吸うと、気分がサッパリして、ムシャクシャした気分を吹き飛ばしてくれる。そういうストレス発散効果があることは、タバコを吸う人ならだれでも知っている。毎日、ちょこちょことストレス発散を心がけているわけで、これは精神的にとてもよいのではないかと思う。

「気分転換なら、ガムでも噛んでいればいい」という人もいるが、ガムでは足りないのである。

オクラホマ州立大学のダナ・ブリットは、45名のボランティアを集め、「これから大勢の人の前で、3分間のスピーチをしてもらいます」というインチキな説明をして、参加者の不安を高めた。

そして、スピーチを待つまでに時間が少しあるということで、タバコを吸わせるグループと、ガムを噛ませるグループに分けた。それから不安の測定をしてみると、ガムよりもタバコのほうが、統計的にも不安を減少させる効果があることが明らかにされたのである。

「タバコを吸うと、気分が落ち着く」という効果があるわけで、タバコにも一利くらいは

あるといえる。
もちろん、短期的にはスッキリしても、長期的には健康を損なう危険性があるとも言われているし、タバコを嫌いな人は年々増えていることから考えても、タバコを勧めることはしない。ただ、タバコにも少しくらいは利益があるという話である。

「定年後の楽しみ」をとっておいても、そんなに楽しむことはできない

「定年したら、奥さんと海外旅行にでも行きたいな」

「定年したら、ゴルフ三昧の生活を送りたいな」

「定年したら、地域のボランティアに参加したいな」


このように、定年後の自分を夢見て頑張っている人は多いように思う。

しかし、**何かやりたいことがあるのなら、定年後まで待つ必要はない。**

今から始めよう。

「定年したら、ガーデニングをするぞ！」というのなら、今週末からでもガーデニングを始めよう。「定年後には、登山をしよう」と思うのなら、今から身体を鍛え始めよう。定

年後まで待っていてはいけない。

なぜか。

その理由は、自分が楽しめなくなってしまうからである。

オレゴン大学のピーター・ルインソーンは、18歳から70歳以上の約700名に対して、ここ1ヶ月に行なった活動と、その活動をすることでの楽しさを答えてもらった。

すると、若いうちには、何をしても楽しみを感じることができるのに、年齢があがればあがるほど、活動する頻度も減り、しかも感じられる楽しさも減少することが明らかになったのである。

若いうちには、何をやっても楽しめるのだが、年をとってからでは同じような楽しみを感じることはできなくなる。

若いうちからガーデニングを始めれば、ガーデニングの楽しみをいろいろと見つけることができるだろう。

しかし、定年後まで待っていたら、「たいして面白くないな」というつまらなさしか感じられなくなる可能性がある。年齢が高くなると何をするにも億劫になってしまって、楽しく感じられないのだ。

「定年を迎えたら、旅行でもするか」と思っていても、おそらく旅行に出かけても、疲れるばかりで、面白さは感じられなくなる。だれでも、年齢が高くなるとそうなのである。だから、旅行に行きたいのなら今行けばよい。わざわざ定年まで待つ必要はどこにもない。若いうちなら、旅行も楽しめる。

年をとってから趣味を増やそうとしても、そんなに増やせるわけではない。

よほど元気がありあまっている人なら別なのであろうが、普通の人は、そんなに活動的になれるものでもないから、おそらくは面白くも感じにくくなるだろう。**年をとっても面白く感じられるのは、若いうちから面白いと感じていた活動だけ**である。

日本人は、「楽しみは先にとっておく」のが好きな国民であるけれども、楽しむのなら若いうちだ。若いうちなら楽しく感じられることでも、定年を迎える頃には楽しくなくなってしまう可能性が高い。

自分が少しでも興味があることは、さっさと始めたほうがいい。定年を迎えてから遊ぼうとしても、その頃には身体も動かなくなっている。

若いうちにたっぷりと苦労をして、定年を迎えたら、楽しく生きるというような、「アリとキリギリス」の寓話でいうアリのような生き方が、日本人は大好きであるけれども、本当はもう少し若いうちから、楽しみを見つけたほうがいいのである。

スポーツ選手はベテランになるほど、スポーツマンシップを失う

「スポーツマンシップ」という言葉がある。大辞泉によると、スポーツマンシップとは、正々堂々と、全力を尽くして競技するスポーツマンとしての態度や精神のこと、と書かれている。

また一般にスポーツマンシップといえば、次のようなイメージをお持ちの読者も多いであろう。

○ フェアプレーをする
○ 負けたときには、自分の負けを潔く認める
○ 審判の判定には素直に従い、ルールを厳守する

これらが「スポーツマンらしさ」であり、「スポーツマンシップ」だとすると、そういう精神を持ち合わせているのは、その競技を始めたばかりの素人だけ、ということになる。

なぜなら、**ベテラン選手になればなるほど、そのスポーツでの経験を積めば積むほど、どんどんずる賢くなっていって、勝つことにこだわり、反則やルール違反をすることも平気でできるようになってしまう**からだ。

スペインにあるサン・アントニオ・カソリック大学のアウレリオ・オルメディラが、小学生から中学、高校生のリーグのサッカーの試合を分析したところ、年齢があがるほどに、どんどん反則や、スポーツマンらしからぬ行為が増加することがわかったという。

フェアプレーで、正々堂々と勝負をするのは12歳以下のリーグであって、15歳のリーグ、18歳までのリーグと年齢があがっていくと、ルールすれすれどころか、明らかな反則をもためらわない選手が増えていったのである。

普通に考えれば、ベテラン選手やプロ選手になればなるほど、スポーツマンシップを持ち合わせているような気もするが、どうもそうではないらしい。彼らはスポーツマンシップなどを体現してはいない。むしろ、逆であり、ずる賢いのである。

もちろん、これはサッカーについての話であって、ほかのスポーツの世界ではどうなのかはよくわからない。

サッカーの場合、相手のユニフォームを引っ張ったり、足を狙ってタックルをしたり、相手に突き飛ばされてもいないのに大げさに転んでみたり、というプレーがある程度まで許容されていて（本当はダメらしいのだが）、それによって選手がズルくなっていく、ということはあるのかもしれない。

そもそも、サッカーでは「マリーシア」などという「ずる賢さ」を意味するポルトガル語が普通に使われるようなスポーツだから、スポーツマンシップが見られないのも当然、という可能性がある。

しかし、**おそらくはどのスポーツの世界でも、ベテランになればなるほど、ずる賢い〝駆け引き〟には長《た》けてくるものであって、きちんとスポーツマンシップを守るのは、新人くらいのもの**ではないかと思う。

スポーツマンだからスポーツマンシップを持ち合わせているかというと、どうもそんなことはなさそうである。きれいごとだけでは勝負に勝てないということだろうか。

鬼上司のほうが部下は伸びる
やさしい上司より、

大学生に対して、「どんな先生が理想ですか?」と尋ねてみれば、おそらくは100人中100人が「やさしい先生」と答えるであろう。

出席も厳しくなく、レポートも試験も課さず、それでいて甘い成績をつけてくれるのが、彼らにとっての「理想の先生」ということになる。

職場においても、「理想の上司とは?」と尋ねてみれば、同じような回答が出てくるであろう。面倒な仕事を押しつけたりせず、叱りもせず、自由を認めてくれるような上司こそ、たいていの人にとっての理想の上司である。

では、ここでひとつ問題である。

やさしい先生の指導の下で、学生は本当に必要な知識を得ることができるだろうか。おそらく答えは「ノー」であろう。

やさしいだけの上司に指導されて、部下は仕事に必要な技術を習得することができるのだろうか。これについても、やはり答えは「ノー」ということになる。

好きか嫌いかは別として、**指導者として本当に優れているのは、とにかく徹底的に厳しくしごいてくれる先生やコーチ、上司である。**これは絶対に間違いない。

ビシビシ指導を受けているうちは、「チクショウ、あの野郎！」と思うかもしれないが、5年経ち、10年経ったときに、本当に感謝できるのは、鬼先生、鬼コーチに指導されたときである。

「あのとき、徹底的に指導してもらってよかったな」と心から手を合わせることができるのは、厳しい指導者にしごかれたときなのだ。

イングランドの伝説的なサッカー監督に、ブライアン・クラフという監督がいる。彼は、選手を怒鳴りつけ、威張り散らし、自分の言うことを何でも押しつける監督であった。

普通に考えれば、選手たちはみなやる気をなくし、チームはガタガタになるはずであった。ところがフタを開けてみれば、選手たちは、イングランドリーグでもっとも勤勉で、団結したチームとなり、クラブは2度もタイトルをとらせたのである。

選手にとっては、やさしい監督のほうが好きなのかもしれないが、そういう監督に指導されても勝てるチームは作れない。選手にとっては、チャンピオンになることがすべてであり、その目的を達成するためには、厳しい指導者に率いてもらわなければダメなのである。


学校の先生も、たくさんの課題を与え、ビシビシ指導をする人のほうがやはり生徒の成績は伸びる。

「やさしい先生」のほうが生徒には好かれるのかもしれないが、そういう人気取りばかりしている先生のクラスでは、生徒は学力を伸ばせない。

オーストラリアのブリスベンにあるクイーンズランド大学のロビン・ギリスは、6つの中学校の中学2年生のクラスにおいて、3つのクラスではとても厳しい指導を行ない、3つのクラスでは、生徒に自由に学習をさせてみた。こちらには先生がおらず、生徒は好きなように、自由に学んでよいとされていた。

では、数ヶ月後に行なわれたテストの成績はどうだったのか。

予想がつくと思うが、先生がビシビシ指導をしたクラスのほうが、科学も英語もどちらも成績がよかった。

　当たり前といえば当たり前だが、「みんな自由にやっていいんですよ」などと甘いことを言っていたら、生徒は「何もやらない」を選ぶものなのだ。

　みなさんが指導者であり、上司であるとするなら、人気取りなどせず、部下には厳しい鬼になろう。当然、部下には嫌われることになるが、そんなことを気にすることはない。何年も経てば、きっと部下も感謝してくれる。

　そのことを信じて、鬼の上司になることが必要だ。

宝くじで大当たりしても、人は幸せになれない

宝くじを買うのが大好きな人がいる。彼らは宝くじではなく、夢を買っている。一等に当選すれば、自分の夢がすべて叶うと思っているのだろう。

「大金さえあれば、大きな家に住める」

「大金さえあれば、仕事なんかせずに遊んで暮らせる」

そんなことを夢見て、宝くじを買うのであろう。

しかし、残念ながら、**たとえ宝くじで高額な大金を手に入れたとしても、幸せにはなれ**

ないのである。

もっと正確に言うと、当選した直後からしばらくは幸せいっぱいでいられるかもしれないが、半年も経てば、もとの状態に戻ってしまうのである。

ノースウェスタン大学のフィリップ・ブリックマンは、イリノイ州の宝くじ高額当選者にコンタクトをとって、彼らが当選した直後から追跡調査をしてみた。

すると、たしかに当選した直後はものすごく幸福感が高かったのに、しばらくすると元に戻ってしまうことが明らかにされた。幸福感は、そんなにつづかないのだ。

また、ブリックマンは、交通事故などによって下半身麻痺《まひ》になった人にもコンタクトをとって、彼らの幸福感を調べてみた。すると、彼らは事故直後こそ幸福感は低かったけれども、やはりしばらくするともとの状態に戻ることがわかったのである。

結局、**人間というのは、不幸な目に遭ってもそのうちにもとの状態に戻るし、幸運なことが起きても、幸福感はそんなにつづかない**のである。

宝くじが当選しさえすれば、その人はもう一生ずっとハッピーな生活が送れるのかというと、そんなことはないわけだ。そのうち、もとの状態に戻る。

大切なことは、宝くじに当たろうが、当たるまいが、いつでも幸福を感じられるようにすること。

天気が晴れているとか、気分よく目覚めることができたとか、甘い缶コーヒーを飲んだだけで気分が高揚するような人になれれば、宝くじに当たらなくとも高い幸福感を得られるであろう。

そういう人のほうが、一生、幸福でいられる。

むしろ、「宝くじが当たりさえすれば……」などと目を血走らせているような人にかぎって、かりに宝くじに当たってもすぐに散財してしまって、結局は、不幸な人生を送ることになるのではないかと思う。

人間というのは、弱い存在であるから、宝くじのようなものにすがりたいという気持ちはよくわかる。大金を手に入れることさえできれば自分の人生を一発で大逆転できると思い込みたい、という気持ちもよくわかる。

しかし、**宝くじが当たったとしても、もともと幸福を感じにくい人は幸せになれない**のだ。だからこそ、普段の何もない状態でも幸せを感じられるように、小さな幸せで満足できるような人間になったほうがいいのである。

性格が悪いヤツは、交通事故に遭いやすい

「憎まれっ子、世にはばかる」ということわざがあるが、どうもこれはウソらしい。**ほかの人に嫌われるような人は、むしろ交通事故に遭いやすい**というデータがある。長生きできるどころか事故死の危険性が高くなるわけで、「踏んだり蹴ったり」というのが実際のようなのだ。

性格が悪い人、すなわち憎まれっ子は、職場からもつまはじきされるし、おそらくは結婚もできないだろうし、事故死する可能性が高いわけで、「世にはばかる」ということはなく、どんどん淘汰されていくのではないかと思う。

米国デポール大学のダグラス・セラーは、過去10年間の交通事故や違反キップを切られ

た回数を調べる一方で、性格テストを実施した。すると、性格が悪い人（具体的には、人あたりのよさが低い人）ほど、交通事故に遭う確率が高くなるという統計的に有意な結果を得たという。

また、ペンシルバニア州北西部にあるペン州立大学のペグ・トムズは、とある製造会社で行なった調査により、性格の悪い人（具体的には社交性の低い人）ほど、年間の事故率とケガ率が高くなる傾向を見出した。

また、神経質な人も、勤務時間中のケガが多かった。職場でも、嫌なヤツほど不幸な目に遭いやすかったのである。

さらに、もうひとつだけデータをご紹介する。

ニューヨークにあるアディクション・リサーチ研究所のマイケル・フローンは、広告で募集した319名の人に、「ここ9ヶ月で、どれくらい仕事上の事故を起こしましたか？」と尋ねる一方で、上司や同僚と口論するかどうかもあわせて尋ねてみた。

すると、**上司や同僚とガンガンぶつかって口論するタイプほど、事故を起こしやすい**ことが明らかにされたという。

なぜ、嫌なヤツは、事故に遭いやすいのか。

その理由は、嫌なヤツは、ほかの人に冷たくされたり、敬遠されたりして、たえず心に不満がくすぶっているからである。彼らは、たえずイライラしている。だから、不注意になりやすく、それゆえ事故に遭う危険が高くなるのだ。

性格がよい人は、日常生活において、そんなに不満を感じない。なぜなら、出会う人すべてが、自分に対してやさしく、親切にしてくれるからである。不満など感じようがない。だから、事故も起こさないのである。

だいたい事故に遭いやすいタイプは、不満屋である。のんびりと運転すればいいのに、彼らはイライラしているから、ついついスピードを出しすぎてしまう。職場では、イライラしているから機械の操作ミスもしやすくなる。そういう理由によって、彼らの危険のリスクは高まるのだ。

人付き合いをよくすることには、いろいろなメリットがある。

事故に遭わずに、長生きしたいのであれば、気を長く持っていちいちイライラしないことが大切である。短気な人には耳の痛い話だと思うが、もうすこしのんびりと構えて、心に余裕を持った生活をしよう。

十分な休みをとったあと、人は調子が悪くなる

人間はロボットではないのだから、休みなく、ぶっ通しで働き続けることなどできない。

休息があるからこそ、人は質の高い仕事ができるのだと一般には考えられている。

しかし、どうもこの考えについても疑問符がつく。なぜなら、**休みをとった後には、人は事故を起こしやすくなるというデータがある**からだ。

「さあ、たっぷり休んだから、明日からまた頑張るか！」

「よし充電完了だ。また明日から頑張るぞ！」

そうやって気合いを入れる人もいらっしゃると思うのだが、気合いを入れるよりも、むしろ不注意な事故を起こさないように慎重になりたいものである。

カーネギー・メロン大学のポール・グッドマンは、２３４８名の炭鉱で働く労働者を対象にした調査を行ない、事故が起きやすいのは休日の翌日であることを突き止めた。休日をはさむと、なぜか事故は増えるのである。

休日になると、私たちの気分はだらける。

翌日にも、そのだらけた気分はしばらく続く。そのため、事故も起きやすくなる。**休日の翌日の午前中には、まだ身体の調子が戻ってこない。午後になってようやく普段の自分に戻ってくる。**そうなるまでには、不注意な事故などが起きやすくなる。

プロのダンサーは、３６５日、いつでもトレーニングをするという話を聞いたことがある。

なぜ休まないかというと、休みをとると、身体の調子がおかしくなるからだ。３日も連続して休むと身体も動かなくなる。だから、プロのダンサーは休まないのである。

プロ野球選手もシーズンオフになったら休むのかというと、そんなことはない。シーズン中同様か、それ以上のトレーニングをする。そうしないと、身体がおかしくなるからである。

私は著述家なので、身体を動かす仕事とはちょっと違うのであるが、「ちょっと休みでもとるか」と気を抜いてしまうと、原稿を書く手が止まってしまう。だから、休みなどとらずにぶっ通しで作業をする。そうしないと、書けない。

もちろん、私は休みなどとらずに、24時間、365日、働き続けなさいなどとムチャクチャなことを言っているのではない。そもそも法律でも一日の労働時間の上限は決められている。

けれども、休みをとるにも良し悪しがあって、休んだほうがむしろマイナスの結果をもたらすこともあるのである。

中途半端に長めの有給休暇などをとると、私たちの普段のバランスが崩れてしまって、おかしくなる人も少なくないのではないかと思う。ゴールデンウィークが終わった後に、調子が出なくなるビジネスマンも多いのではないか。普段の仕事の半分もできなくなる人も多いのではないか。

休みのときにも、完全に休んだりはせず、むしろほんの少しでも仕事をしていたほうが、翌日に調子がおかしくならずにすむ。年末年始の長期の休みにも、少しは仕事関連の資料を読んでみるとか、身体を動かしてみるとか、そういう作業をしておかないと、自分の調子がおかしくなってしまうので注意したい。

食べ物に関する情報は、なるべく知らないほうがいい

消費者には、情報を知る権利がある。メーカーは、なんでも消費者に対して情報を公開せよ、という風潮は今後もますます強まるであろう。

しかし、消費者としては、「知らなくていい」ということもあるのではないか。情報開示などされると、かえって不愉快な思いをすることだってあるのではないか。

心理学では、これを**「知らないほうが幸せ効果」**と呼んでいる。

ユタ州立大学のヒマンシュ・ミシュラは、新商品のチョコレートを試食するという実験において、成分やカロリーなどをすべて表示したサンプルを見せる条件と、成分のみの情

報だけを表示したサンプルを見せる条件を設定した。

それから試食をしてもらって評価するのであるが、細かい情報を見せられた条件のほうが「おいしくない」と答え、さらに「友人にも勧めるか？」と尋ねてみると、「勧めない」という答えが増えたのである。

カロリーなどの情報があると、「太ってしまう」ということが否応なく気づかされてしまう。そういう意識を持つと、消費者としてはおいしく食べることができない。だから、そういう情報を知らないほうがかえって幸せだということもあるのだ。これが「知らないほうが幸せ効果」である。


ほかの食べ物についても同様である。

たとえば、原産地表示。

うなぎにしろ、牛肉にしろ、果物にしろ、外国産という原産地表示が載せられていると、否応なく、国産ではないので安心できない、という気持ちになってしまう。そういう気持ちのままで食事をしても、おいしさは感じられない。ビクビクして、味などわからなくなってしまう。

原産地表示など気にしなければ、おいしく食べられるものも、原産地を調べたばかりに、せっかくおいしく食べられるはずの食材までおいしくなくなってしまうこともある。だから、余計なことは知らないほうがいいこともあるのである。

食べ物は、「おいしい!おいしい!」と言って、作った生産者に感謝しながら食べれば、何でもおいしく感じられるものだ。

原産地を調べ、カロリーを調べ、遺伝子組み換え大豆の有無を調べ、農薬の有無を調べ、防腐剤の有無を調べ……などと調べれば調べるほど、おいしくもないし、精神的にもよくないのではないかと思う。

ほかの商品についても同様で、あまり知らないほうがいいことは多い。

消費者は、詳しい情報が得られれば得られるほどに満足かというと、そんなことはないのではないかと思う。もちろん、一部の消費者の中には、とにかく何でも調べないと気がすまないという神経質な人もいるだろうが、そういう人は何も食べられなくなってしまうし、何も買えなくなってしまうのではないかと思う。

世の中には、知らなくていいことはいくらでもある。

知らないほうが幸せでいられることは、たくさんあるのだ。

大きな食器で食事をしている人は、太りやすくなる

いちいちご飯を茶碗に何度もおかわりするのが面倒だからといって、どんぶりで食べる人がいるとする。そういう人は、間違いなく太ることは言うまでもない。なぜなら、どうしても食べすぎてしまうからだ。

ダイエット法のひとつとして、使っている茶碗の大きさを小さくするという方法がある。これは心理学的にいっても、正しい。**小さな器《うつわ》で食事をしていれば、食べすぎを予防することができる**からである。

アメリカ人になぜ肥満が多いのかというと、すべてが大きいから。アメリカで販売されているものは、すべてが大きい。ヨーグルトにしろ、アイスクリームにしろ、バケツのような大きさの容器で売られている。

日本人に肥満の人が相対的に少ないのは、容器が小さいからである。容器が小さいからといって、日本人は2つ食べたりせず、1個でやめておく。だから、アメリカ人に比べて肥満が少ないのである。

容器が大きくなれば、人はそれだけ食べる。

だから、食器類が大きいものを使っている人は、どんどん太るのだ。

ペンシルバニア大学のアンドリュー・ゲイアーは、とあるアパートの廊下で面白い実験をしている。

粒チョコレートを入れた深皿を台にのせて、かたわらにスプーンを置いて、「このスプーンですくって、お好きなだけどうぞ」と書いたカードを添えておいたのだ。

スプーンの大きさは、日によって変えることにした。

すると、スープ用の小さなスプーンを置いた日に比べ、4倍の大きさのスプーンを置いた日は、粒チョコの減り具合が2倍になったのである。

ダイエットをしたいのなら、使う食器やスプーン、コップなどは小さいほうがいい。

ジュースを飲むときも、ビールのジョッキで飲もうとすれば、たくさん飲みすぎてしまうことになる。小さなコップであれば、そんなに飲みすぎるということは防げる。

ビールを飲むときも、大ジョッキで飲むとついつい飲みすぎてしまうものだが、瓶ビールを小さなグラスで飲んでいると、そんなに飲みすぎることもない。

皿に食事を盛りつけるときにも、大きなお皿より、小さなお皿のほうがいい。そのほうが料理は山盛りにできるので、ものすごくたくさん食べた感じがするからである。

太りすぎに悩んでいる人は、今よりも一回り小さなお皿や茶碗を買ってきて、それで食事をするようにしてみるのはどうだろう。

これはなかなかいいアイデアだ。

食事制限などをすることもなく、食べる量は自然と少なくなる。大きな器でちょっぴり食べるより、小さな器で山盛りにして食べたほうが満腹感もある。

太りすぎで悩んでいる人は、痩せている人の使っている食器を見せてもらってほしい。自分よりもずいぶんと小さな器を使っていることに気づくはずだ。

キャンペーンは、むしろ逆効果になることが多い

「飲酒運転をやめよう」

「覚せい剤は絶対にダメ」

「痴漢は犯罪です」

「タバコは健康を損ねます」

といった各種のキャンペーン。ポスターやチラシ、テレビＣＭなどでキャンペーンはたえずどこかで行なわれている。

キャンペーンを行なう理由は、もちろん、人々の注意を喚起し、悪い行動を起こさせないことが目的である。

しかし、キャンペーンをすると、「意図せざる効果」をもたらしてしまうことも少なくない。キャンペーンの実行者はそういうことをきちんと知っているのかどうかは疑問だ。**キャンペーンをやりすぎると逆効果になってしまう危険が高い**のである。

パデュー大学のヒュンイー・チョーは、キャンペーンをすればするほど、「意図せざる効果」が起きる可能性を指摘している。

その中のいくつかをご紹介しよう。

①鈍感化

人々は何度もくり返しキャンペーンにさらされているうちに、感覚が鈍くなっていく。「飲酒運転は危険だ」と1回だけ聞かされたときには、「たしかに」と納得するのだが、それを何度も聞かされているうちに面倒くさくなってきて、たいして気にしなくなってしまうのがこれである。

②不安の伝播《でんぱ》

キャンペーンは、時として不必要なまでに不安を高めすぎてしまうことがある。本当はわずかなリスクしかないのに、あまりに不安を喚起しすぎて、それが社会全体に広がってしまい、社会不安を引き起こす危険性がある。

③ブーメラン

キャンペーンで推奨された行動とは、逆のことをさせてしまうこともある。「違法ドラッグは危ない」というキャンペーンが、「違法なことをするのは、カッコいい」というふうに受け取られて、逆に広がってしまう可能性もある。

④機会コスト

あるひとつの解決策をキャンペーンで提示することにより、そのほかの有効な解決策を選ぶことを妨げてしまうことがある。

⑤混乱

危険を煽《あお》るばかりで、「では、どうすればその危険を避けられるのか？」という解決策を提示しないキャンペーンは、ただ混乱を招くだけである。「災害に備えよう」と言いながら、具体的に何をすればよいのかを提示しないキャンペーンがこれにあたる。

⑥ 社会的再生産

「差別をやめよう」というキャンペーンをすると、むしろそういう差別が行なわれていることに気づかせてしまい、既存の価値観や常識を強化してしまうことがある。

キャンペーンは、ただやればよい、というわけではない。**とりあえずキャンペーンしておけばいいだろう、という考えは危険**である。

キャンペーンは、意図せざる効果をもたらしてしまうことがあるのであって、そういう危険を十分に考慮して行なわなければならない。

「ダイエット」商品を買うと、逆に太ってしまう

ダイエットコーラを飲む人は、普通のコーラを飲む人よりも太る。

カロリー減量とか、カロリーゼロとか、砂糖不使用とか、そういう謳《うた》い文句の商品を好んで買う人も、やはり太る。「痩せたいから、太りたくないから、なるべくカロリーの少ないものを選んでいるのに、どうして?」と思われるかもしれないが、実際はそうなる。

なぜかというと、**「ダイエット○○」を買うことによって、安心するから**だ。

安心して食べすぎてしまうから、太るのである。

カロリーが少ないということで安心して、普通の商品の2倍も3倍も食べていたら太るに決まっている。当たり前の話である。

だいたい太っている人は、ダイエットコーラを普通の人の3倍くらい飲む。

それで痩せられるわけがない、ということになぜ気づかないのか不思議なくらいである。たとえ1本あたりの糖分が少なくとも、普通の人の何倍も飲んでいたら摂取する糖分のカロリーも多くなる。

オランダにあるティルビュルフ大学のコルホ・ド・ヴァーレは、普通のポテトチップスの袋と、ダイエットパックの袋を用意して、被験者に食べながらテレビを見てもらった。

すると、ダイエットパックを渡されたグループでは、普通のポテトチップスを渡されたグループの2倍もの量を消費することがわかった。

ダイエットパックだからと安心して、自制心を働かせる必要はないと感じて、結局、たくさん食べてしまう。それが人間である。普通のポテトチップスであれば、そういうことにならない。「食べすぎないようにしなきゃ」と、ちゃんと自制心が働くので食べるのをストップするのである。

「ダイエット○○」という文字に騙され、自制心を失うことが肥満の原因である。

もちろん「ダイエット」と書かれた商品を買ってもいいのだが、「ダイエットだから安心」と自制心をなくしてはならない。たとえダイエット商品であろうが、安心してパクパク食べたり、飲んだりしていたら、どうしたって太るのである。

ダイエットなんたらと書かれた商品は、むしろ安心を誘うだけにかえって危険であるとさえいえる。それならば自制心を働かせるために、普通の商品を買ったほうがいいくらいである。

安心感というのは、実はものすごく性質が悪い。

私たちは、安心するとまったく気をつけなくなるからである。

「自動車保険に入っているから安心」だと思うから、運転も荒っぽくなる。かりに保険に入っていなかったら、絶対に事故など起こさないように慎重な上にも慎重に運転をするはずなのに、保険に加入しているばかりに乱暴な運転になってしまう、ということもあるだろう。

ダイエット商品を買う人は、それだけで痩せることが保証されたような、そんな気持ちになってしまうのがよくない。ゼロカロリーのビールだからと安心して飲みまくっていれば、絶対に太る。

少しくらいは緊張して自制心を働かせておかないと、とんでもない結果になるということを忘れずに。

コラム

自分に厳しいルールを設けるほど、その試みは失敗する

「俺はもう今日から一滴もお酒を飲まない！」

「私は、もう絶対におやつを口にしない！」

「私は、今日から毎日8キロずつ走る！」

ものすごく殊勝な心がけだとは思うが、自分にとって厳しいルールを課せば課すほど、その試みは失敗してしまう。

ある行動をずっと継続したいのであれば、厳しいルールを設けてはダメなのだ。少しくらい甘くするというか、たまには例外もＯＫにするとか、そういう抜け穴をちゃんと用意しておかないと、その試みは失敗する。

「タバコを1本も吸わない」ではなく、「友だちとお酒を飲むときには大目に見る」とか、「毎日一冊の本を読む」ではなく、「土日は読まなくてもいい」という例外についても認めておかなければ、たいていの試みはうまくいかないのである。

トロント大学のジャネット・ポリヴィは、「どうにでもなれ効果」という面白い心理現象について指摘している。

ある試みをすることに決めたとき、私たちはほんの少しつまずいただけで、すべて

の努力をやめてしまう、ということがある。「もう、どうにでもなれ」と思ってしまうのだ。

たとえば、毎日勉強すると固く誓ったのに、たまたま友人と遊んで勉強ができなかったりすると、私たちはとたんにすべてのルールを放り投げてしまうのである。そして1分も勉強しなくなるのである。これが「どうにでもなれ効果」である。

ダイエットを心に決めた人は、ピザを一切れ食べただけで、もうダイエットなんかしてもムダだと諦めてしまう。禁酒中の人は、お猪口いっぱいのお酒を口にしただけで、それまでの努力を無にしてしまうように禁酒をやめてしまう。

私たちは必死に我慢すればするほど、ちょっとだけルールを破ると、とたんにすべてのルールを破るようになってしまうのである。我慢していることを破ると、タガが外れてしまって、落ちるところまで落ちないと気がすまないらしい。

小さな頃は、ものすごくマジメだった人が、高校生くらいになってたまたまちょっぴり悪いことをしたりすると、坂道を転がり落ちるように不良になってしまうこともある。これも「どうにでもなれ効果」である。それまでマジメで、禁欲的な生活を送っていた人にかぎって、そういうことになりやすい。

最初からそんなに厳しいルールを設けなければどうなるか。

少しくらいルール違反をしても、そんなに気にすることもない。1日、2日くらいその努力を休んでも、その翌日からはそれまでの努力をまた継続することができる。

自分でルールを決めるときには、実行不可能なほどに厳しいルールを設けてはならない。そんなことをすると、ちょっとでもルールを守れなかったときに、「もう、や～めた」という気持ちになりやすいからである。

厳しいルールを守れなかったとき、私たちは愕然《がくぜん》として、ものすごく罪悪感を覚える。そして、その反動によって、「どうにでもなれ」という心理に陥る。だから、そういうことにならないよう、ルールを破ったからといってそんなに気にしないように比較的ルールを甘くしておいたほうがいいのである。これがどんな努力も継続するための秘訣である。

第5章

男女の関係についての一考察

女性の謝罪は、100％「口だけ」である

女性は、男性に比べると、「ごめんなさい」という言葉をよく使う。

男性は、たとえ自分に非があることが明らかなケースでも、なかなか謝罪の言葉を口にしない。「ごめんなさい」という言葉を口にすると、なんだか自分が負け犬のように思えて、プライドが傷つくためであろう。

すぐに「ごめんなさい」を口に出せるという点では、女性のほうが人間としての器が、男性よりも大きいように思える。

しかし、女性は、**口では「ごめんなさい」とは言うものの、何かの行動をとることは少ない。ようするに、〝口だけ〟のお詫びなのである。**

カリフォルニア州立大学のメリンダ・ブラックマンは、「女性はお詫びをするものの、実際の行動はしない。男性は、お詫びをするときには、きちんと行動もとる」という結果を発表している。

ブラックマンは、大学のキャンパス内の廊下で、サクラの男性にわざとほかの学生とぶつからせるように仕向けてみた。

なお、サクラの男性は、ぶつかった拍子に、必ず手に持っていた書類を床にばらまくように言い含められていた。

では、ぶつかった学生はどういう反応をとったのか。

まず、「ごめんなさい」というお詫びに関しては、女性の84人中79人がお詫びの言葉を言った。男性では55人中50人で、この実験では、男女とも同じくらいの割合でお詫びの言葉を言ったことになる。

では、床に散らばった書類を拾ってくれる、という行動についてはどうだったのか。

女性では、実際に拾うのを手伝ってくれるのは61人であった。79人がお詫びしたのだが、18人は口だけで行動を示してくれなかったのだ。

男性はというと、お詫びを口にした50人のうち、49人が書類を拾うのを手伝ってくれた。お詫びをするだけで手伝ってくれなかったのは、わずかひとり。**男性は、口でお詫びをす**

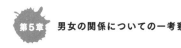

るときには行動もとるという結果である。

女性は、条件反射のように「ごめんなさい」とは言うものの、行動はとらないのである。仕事でもそうで、女性を叱ると、すぐに「ごめんなさい」とは謝罪するものの、その後に改善の行動をとってくれるわけではない。ようするに謝罪は口だけである。

家庭でも、奥さんに向かって、「もっと味付けを濃くしてくれないかな」と料理の注文をしても、「ごめんなさい」とは言うかもしれないが、やはり翌日も同じように薄い味付けの料理が出されるであろう。女性とは、お詫びをしても、行動はとらないからである。

「ごめんなさい」と素直に謝ってもらえれば、それなりに気分はよい。「ごめんなさい」という言葉を言えない人に比べれば、ずっとマシである。

とはいえ、**女性が「ごめんなさい」と言うときには、相手が何かこちらの期待通りに変わってくれるようなことを、期待してはならない。**女性の言う「ごめんなさい」は、男性の「ごめんなさい」に比べれば、ずいぶん軽いのであって、行動にまで変化があらわれないことのほうが多いからである。

お見合い結婚だからといって、不幸になるわけではない

国立社会保障・人口問題研究所が2016年9月15日に発表した統計がある。

それによると、お見合い結婚の割合は、2010年から14年の間でわずか5・5%。恋愛結婚は87・7%だ。現在は、もう圧倒的に恋愛結婚が主流である。

「やっぱり恋愛結婚じゃなきゃ」

「お見合いはちょっと考えられない」

というのが、今どきの独身者のホンネである。

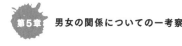

では、なぜお見合い結婚を避けるのかと考えてみると、お見合いは、ムリヤリ結婚させられるイメージがあるからではないだろうか。

本人の自由意志というよりは、ほかの人からの圧力によって結婚させられるイメージがあり、不幸な結婚だと思われているのである。

けれども、**お見合い結婚をすると不幸になるかというと、そんなことはまったくない。**

カリフォルニア州立大学のパメラ・レーガンは、お見合い結婚者と、恋愛結婚者のそれぞれに結婚満足度、愛情の強さなどを測定してみたところ、両グループにはまったく差がない、という結果を報告している。

お見合い結婚だと、相手を愛せないのか。

そんなことはない。一緒に生活しているうちに、恋愛結婚者と同じくらい相手を愛せるようになる。

もちろん、結婚生活に対しても満足できる。お見合い結婚が不幸、などということはまったくないのである。

おそらく、これほど恋愛結婚が主流になってしまったのは、テレビや漫画の影響であろう。テレビや漫画の「恋愛モノ」と呼ばれるジャンルでは、たいてい恋愛結婚しか取り上げられないからである。それを見て育った若者は、「恋愛結婚でなければ、結婚にあらず」という価値観を持つようになってしまったのであろう。

「お見合いだと、相手を好きになれない」と不安な人もいるかもしれないが、人間というのは、基本的には、一緒に暮らしていれば相手を好きになれる動物である。だから、心配はいらない。

インドのような国では、親が決めた相手とお見合い結婚させられることが多いが、だからといってインド人の結婚がすべて不幸になる、というわけでもない。恋愛結婚者と同じように、お見合い結婚者も幸せになれる。

一緒に暮らしていれば、「そんなに悪い人でもないのかな?」とそのうち気づくことができる。

しかも、日本人にはそんなに野蛮な人はいない。基本的に、みんな善人である。それにまた、お見合いを勧めてくる人も、相手が素晴らしい人だと思っているから勧めてくれるわけであり、よっぽどひどい悪人をみなさんに勧めてくることはない。その点も安心である。

さらに、**最初はお見合いであっても、すぐに結婚するのではなく、2、3年ほど交際期**

間を持つようにすれば、それはもう恋愛結婚と同じだ。

「お見合いだけは、絶対にイヤ！」という気持ちの人もいるであろうが、そんなに堅苦しく考えることもない。

お見合いによって、そのこと自体で不幸な結婚になったりはしないので、たくさんお見合いをしてみるのもいいのではないかと思う。

女性は、もっとも浮気してはいけないタイミングで浮気したくなる

不倫をする女性が増えているという。

昔は、結婚した女性は主婦として家庭におさまっていた。そのため、男性と知り合う機会も少なかった。当然、不倫をしたり、浮気をする女性も限られていた。

ところが、現代では、女性も男性と同じように結婚後も仕事をするようになった。そのため、仕事柄、たくさんの男性と知り合う機会も増え、男性と同じように不倫や浮気をするようになった。それがよいことかどうかという価値判断はさておき、浮気をする女性は想像以上に多いだろうと推測できる。

さて、既婚者の女性が浮気をするとき、それはそれで自分の判断で浮気をしているのだから、とやかく言う必要はない。

しかし、女性の場合、困ったことがひとつある。それは、浮気をすると、妊娠してしまう危険性があるということだ。もしほかの男性の子どもを身ごもったりしたら、結婚生活が崩壊する危険性がある。単なる火遊びではすまなくなってしまうのだ。

さらに、さらに、怖ろしいことに、なんと**女性は「もっとも浮気してはダメなタイミング」で浮気したくなってしまう、**という事実さえ科学的に確認されている。女性のみなさんは、浮気をしたくなったときほど要注意である。

英国マンチェスター大学環境生物学科のマーク・ベリスは、『カンパニー』誌に載せられた女性の浮気データ、２７０８名分を分析してみた。

何を分析したのかというと、月経周期と、浮気したタイミングである。

その結果、ベリスは、１ヶ月でもっとも妊娠しやすい時期（9日目から14日目、ピークは12日目）のときに、女性が浮気する割合が増えるということを発見した。普段、浮気をする確率はゼロから1、２％なのに、妊娠しやすいピークである12日目には４％近くにまで増加することがわかったのだ。

なぜ、女性が浮気してはいけないタイミングで浮気してしまうのかというと、女性がそのタイミングでムラムラしてしまう、というのもあるだろうが、もうひとつ別の理由がある。

それは、**妊娠しやすい時期の女性は、「魅力的」になって、男性を惹きつけてしまう**のだ。自分にその気がなくとも、男性が群がってきて口説くのである。だから、女性も押しに負けて浮気してしまうのではないかと思われる。

ニュー・メキシコ大学のジェフリー・ミラーは、ストリッパーの女性に、お客からもらったチップの記録をつけてもらった。それに合わせて、彼女たちの月経周期も教えてもらった。

その関係を調べてみると、もっとも妊娠しやすい時期（9日目から14日目）には、5時間のシフトで、もらった平均のチップは335ドルであった。月経が終わった後の10日間では、平均260ドルであり、月経前の5日間では185ドルしかチップがもらえなかったから、妊娠しやすい女性のほうが、明らかに男性客を惹きつけていることがわかる。

女性のみなさん、アバンチュールを楽しむときには、くれぐれも気をつけていただきたい。浮気をするかどうかは個人の問題であるが、それによって結婚生活まで崩壊してしまっては、元も子もないと思われるからである。

女性の魅力は、「年齢が9割」である

女性の読者には申し訳ないのであるが、**女性の魅力というものは大部分が年齢によって決まってしまう**ようである。

化粧品の広告にあるような「女性は何歳になっても美しいままでいられる」というのは幻想にすぎない。実際には、年齢がすべてである。年齢が高くなれば魅力は落ちる。そして、もう戻らない。

ドイツにあるザールラント大学のロナルド・ヘンスは、16歳から55歳までの男女の写真を用いて、年齢と魅力の関係を調べてみた。

その結果、男性については、年齢と魅力についての関係は見られなかった。年齢が高かろうが、若かろうが、魅力的だと判断される人もいれば、そうでない人もいたのである。

つまり、男性の魅力にとって年齢は無関係であった。

ところが、女性では違う。

女性では、年齢と魅力にははっきりとした負の関係が見られ、年齢が上がれば上がるほど、魅力のほうが目に見えて落ちていくことが明らかにされたのである。

そういうことを女性は薄々と感じているので、「できるだけ若く見せたい！」と願うのであろう。**女性にとって、誕生日を迎えて年齢が上がっていくことは、少しずつ魅力を失っていくことと同義**なのだ。

ニューヨークにあるペース大学のマイケル・ギルバーグは、オスカー賞、エミー賞、グラミー賞など、エンターテインメント産業の受賞者の年齢を、男女別に分析したことがある。この研究でも、女性の受賞者は、男性に比べるとはるかに年齢が若いことが明らかにされた。

言い換えると、男性なら、40代になっても、50代になっても賞をとれるのに対して、女性はというと、「若いうちが有利」というか「若いうちにしかとれない」という現実があるのである。

若いうちに男性からチヤホヤされて、「私は、ものすごくモテる」と浮かれていたのに、いつの間にか男性がまったく近寄ってこなくなった女性もいるであろう。年齢の若さによって魅力が水増しされていることに気づかず、自分はずっとモテるままでいられると勘違いしてしまった結果である。

女性は、ある程度の年齢がくると、だれでもモテるようになる。

なぜなら、年齢と魅力が密接にリンクしているからである。

しかし、それを自分の本当の魅力だと誤解してはならない。**手を抜いていると、年齢が高くなったときにとたんにモテなくなってしまう。**

フランス女性のように、たえず自分を磨くことをたえず意識していないと、ある程度の年齢がきたときに、ガクンと魅力が下がって、だれからも相手にされなくなってしまう危険があることをお忘れなく。

もちろん、年齢が高くとも、魅力的な女性はいくらでもいる。

しかし、そういう女性は、何の努力もしていないわけではなく、魅力を高める努力（少なくとも下がらない努力）はしているのである。そういう努力を忘れると、とたんに魅力を失ってしまうので気をつけたい。

イケメンと結婚した女性は、幸せになれない

若い女性に好みの男性を聞けば、たいてい「顔だちのいいイケメン」という答えが返ってくるであろう。男性に同じ質問をしても、やはり外見を第一に挙げるであろう。

イケメンと付き合いたいと思っている女性に一言だけ言わせてもらいたい。

男を顔で選ぶと、そのうち後悔することになりますよ、と。

私がブサイクな男なので、ハンサムな男性を妬《ねた》んでそんなことを言っているのではない。

「ハンサムな男と付き合っても、そのうち飽きてしまう」という、はっきりとした理由があってのことなのだ。

俗に、「美人は三日で飽きる」と言われている。

しかし、こちらのほうはウソである。**美人と付き合っても飽きることはない。ところが、ハンサムな男はというと、そのうちに飽きがくる**のである。

本当かどうかと疑っている女性のために、その根拠を示そう。

サザン・メソジスト大学のアンドリュー・メルツァーという心理学者は、458名の新婚夫婦について4年間の追跡調査をさせてもらった。目的はズバリ、「愛情」が減るかどうかだ。

たいてい結婚後しばらくすると、お互いの愛情は冷めていくものであるが、それが本当かどうかをメルツァーは調べてみたのである。

ただ、この研究の面白いところは、お互いの顔だちについても考慮していることである。

その結果、美人の奥さんと結婚している旦那さんは、結婚した当初も、4年が経った後も、依然として奥さんに対して愛情を感じていることが明らかにされた。

「美人は三日で飽きる」などとは、とんでもない。4年経っても飽きてなどいなかったのだ。

では、ハンサムな旦那さんと結婚した奥さんはどうだったのか。

こちらのほうは、残念ながら愛情はどんどん目減りしていた。結婚当初こそ、満足度も高かったものの、4年も経過すると、ごく普通の平凡な男性と結婚した奥さんと変わらない水準にまで落ちてしまっていたのだ。

男性は、美人の奥さんを見つめているだけで幸せな気持ちでいられるようである。

ところが、女性はというと、旦那がハンサムだというだけでは幸せになれないのである。

おそらくは、気遣いであるとか、思いやりであるとか、やさしさであるとか、楽しい会話であるとか、そちらのほうが重要になってくるのであろう。

イケメンとお付き合いしたり、結婚したいと思っている女性のみなさんには、声を大にして言いたいのであるが、男を顔で選ぶと後悔することになる。

女性にとっては、男性の顔よりも、性格のよさであるとか、会話の楽しさであるとか、そちらのほうが幸せを感じる上では重要なのだ。

できるだけ性格のいい男を見つけよう。

性格がよければ、少しくらい顔だちが整っていなくとも、付き合ってからの満足度は高くなるし、愛情も目減りしない。もちろん、顔も性格も両方ともすばらしい男性がいればいいのであるが、そんな男性はめったにいるものではない。

どちらかで妥協しなければならないのだとしたら、顔だちのほうを諦めよう。

どうせハンサムと付き合ったところで、楽しいのは最初のうちだけで、そのうちにきっと飽きるに決まっているのだから。

女性上司より、男性上司のほうが嫌なヤツが多い

「女性の上司が苦手だ」と愚痴をこぼす男性は多い。

同性である男性上司のほうが、いろいろと相談に乗ってくれそうだ、というイメージがあるからであろう。いや、女性でさえ、同性の女性より、男性上司のほうがいいと考えているふしがある。

総務省が2013年に行なった調査でも、「男性の上司を選ぶ」と回答したのは男性が29％で、女性が40％。男性より女性のほうが、男性上司が好きなようである。ちなみに、「女性の上司を選ぶ」と答えた男性は18％、女性は27％であった。

なぜ、女性の上司が嫌われるのか。

私なら、女性上司の下で働きたい。

なぜなら、**「男性上司のほうが、嫌なヤツが多いですよ」ということを示唆《しさ》する研究を知っているから**である。

英国ヨーク大学のロナルド・バークは、あるハイテク企業の81名の男性メンター、13名の女性メンターについての研究を行なっている。「メンター」というのは、仕事上の助言役という意味で、先生であったり、先輩であったり、師匠であったりして、厳密に言うと上司とは少しだけ違うのであるが、ここでは上司として考えよう。

さて、バークによると、男性上司と女性上司には、ものすごく大きな違いがあるという。男性上司の特徴について、バークは以下のように記述している。

○女性上司に比べて、年齢が高い傾向がある
○女性上司に比べて、あまり口をきいてくれない
○女性上司に比べて、あまり教えてくれない
○女性上司に比べて、あまり支援してくれない
○女性上司に比べて、あまり友好的でなく相談にも乗ってくれない

バークの研究によれば、男性上司のほうが嫌なヤツが多いのである。女性上司は、女性ならではの思いやりや気配り、あるいはコミュニケーションの高さといったものが感じられるのに対して、男性上司は一言で言えば、ものすごく冷たい。

女性が上司だというと、伝統的な男尊女卑価値観にまみれた人などは「なんだよ、女の下で働くのか」と憎まれ口を叩こうとするかもしれないが、本当のところは女性上司であったことに感謝すべきである。日本の企業では、女性上司の数は圧倒的に少ないのだから、ラッキーだと思ったほうがよい。

男性の上司のみなさまには申し訳ないが、**女性の上司のほうが、おそらくは部下の気持ちを敏感に察してくれるだろうし、思いやりを持って接してくれるであろうし、面倒見もよい**であろう。

部下からすれば、そういう上司のほうが望ましいのではないかと思う。

「何でも言い合える関係」が破局を呼び込む

恋人に、自分のすべてをわかってもらおうとしないほうがいい。

むしろ、隠したほうがいいことは積極的に隠すべきである。

「恋人なのだから、自分のすべてをわかってほしい」という気持ちはわからなくはないが、隠しておいたほうがお互いに幸せでいられることは多い。

たとえば、中学時代に不良であったことや、高校を中退してキャバクラで働いていたことや、レイプされたことや、何十人もの人と交際してきたという過去や、万引きで逮捕された経験や、バツイチであることなどは、黙っていたほうがいい。

黙っていれば幸せな関係でいられるのに、そういう秘密を暴露したとたん、お互いの関係がギクシャクしてきてしまう。

「彼氏なんだから、自分のすべてを受け入れてくれるはず」
「彼女なんだから、過去も含めた自分を受け入れてくれるはず」

と思うのは、危険である。

相手に知らせなくていいことは、墓場まで秘密にしておいたほうがいい。そうすれば、相手とはいつまでも幸せな関係でいられる。

「口は禍《わざわい》の元」と言うが、余計な情報を相手に知らせてしまったために、相手を悶々《もんもん》とさせてしまうことは少なくない。

「こんなことを言ったら、相手に悪く思われるだろうな」と思うことは、絶対に秘密にしておくべきである。

オランダにあるユトレヒト大学のキャトリン・フィンケナウアーは、人間関係においては、余計なことは伝えなくてもいい、そのほうがお互いに満足できると述べている。

フィンケナウアーの調査によると、20年以上も円満に結婚生活を続けている夫婦においては、62％が「昔の秘密を告白することは、有益というより、むしろ有害」だと感じていることが明らかにされている。

結婚前に付き合っていた恋人の話であるとか、元恋人とどんなセックスをして楽しんでいたとか、結婚前に子どもを堕胎したことがあるとか、そういうことは相手には黙っていたほうがよいのである。

なぜなら、そんなことを相手に聞かせると、どうしても不愉快にさせてしまうからである。


黙っていればわからないことは、黙っているのが正解である。

世の中には、わざわざ自分の株を下げるような余計なことを言ってしまう人がいる。たとえば、普通にしゃべっているぶんには、ものすごく知的な印象を振りまくことができるのに、わざわざ自分が三流大学卒であることを口にする人がいる。どうしてそんなことを言ってしまうのか、理解に苦しむ。

人間関係というのは、何でもお互いのことを言い合えるのが理想だと考えられているが、そんなものは幻想にすぎない。たとえ恋人であろうが、親友であろうが、黙っていたほうがいいことはいくらでもある。

うっかり口を滑らせたばかりに、たった一言でその関係が破局を迎えることもないわけではない。

黙っていたほうがいい過去は、自分でも忘れてしまうか、それができないのなら貝のように口をつむって、絶対に口に出さないことである。

付き合いが長くなればなるほど、相手の気持ちは読めなくなる

付き合いが長くなればなるほどお互いの気持ちがよく理解できるようになると、一般には考えられている。以心伝心のように、お互いの感情がわかりあえる、とそう考えられている。

しかし、それはまったくの幻想にすぎない。

現実には、**付き合いが長くなればなるほど相手の気持ちには鈍感になり、読めなくなってくるもの**なのである。

ニュージーランドにあるカンタベリー大学のゲフ・トーマスは、74組の夫婦を集め、いくつかのテーマで5分ずつの話し合いをしてもらいながら、その場面をビデオに録画させ

てもらった。

後で、そのビデオにとった会話の場面を見ながら、その時々の、相手の感情や気持ちを推測させてみる、という実験である。「付き合いが長くなればなるほど、パートナーの気持ちが読める」というのであれば、結婚生活の長い夫婦のほうがお互いの感情をうまく推測できるはずであった。

ところが、現実には、結婚生活の「短い」夫婦のほうが、相手の気持ちをうまく言い当てることができた。正確な読心術ができたわけである。

なぜ、こんなことが起きるのかというと、**付き合いが長くなってくると、人は相手に興味関心をなくしていいかげんになってくるから。**相手が、どんな気持ちでいるのかなど配慮する気持ちをなくすので、気持ちが読めなくなってくるのである。

熟年離婚が増えているのも、付き合いが長くなると、その関係に安心してしまって相手の気持ちなど考えなくなるからであろう。相手が、どれくらい不満を感じているのかなど、これっぽっちも配慮する気持ちをなくすから、ある日、突然、パートナーから離婚を突きつけられて、慌てふためくのである。

「親しき中にも礼儀あり」と言うが、どんなに付き合いが長くなっても、初めて会ったときと同じような気持ちで接していれば相手の気持ちは読める。逆に言うと、そういう気持ちを忘れてしまったら、相手の気持ちは読めなくなってしまう。

「俺は、30年も今の女房と連れ添ってきたんだから、なんでも心は読める」というのは、まったくの思い込みにすぎない。

実際には、付き合いが長くなるほど、相手の気持ちをきちんと斟酌《しんしゃく》しようという気持ちをなくすので読めなくなる。男性は特にそうだと思う。

何年付き合っていようが、それでも相手に対する興味関心を失わず、たえず相手の立場にたって相手の心を理解しようという気持ちがなかったら、相手の気持ちは読めなくなるのも当然だ。

単純に、**一緒にいる時間が長いからといって、それだけで相手の心まで理解できるようになると思い込んでしまうのは幻想である。**「きちんと読もう」という気持ちにならなければ、読心術などできるわけがないのである。

いつも仏頂面でいる人は、やはり幸せになれない

「笑う門《かど》には福来《きた》る」という言葉があるが、これは本当らしい。

普段からニコニコしている人は、その人あたりのよさのために人付き合いもうまくいくし、仕事もうまくいくし、結婚も早くできるし、幸せな人生を歩むことができる。ただニコニコしているだけで、人生のすべてがうまくいく。

ところが、いつもニコニコしている人というのは、あまりいない。

大半の人は、仏頂面をしながら生きている。時折、笑うことはあっても、たいていは仏頂面をしている。

そういう人は、残念ながら、幸せな人生を歩むことはできない。

幸せな人生を歩みたいのであれば、楽しいことなどなくとも、いつでもニコニコする訓練をすることとである。出勤途中でも、勤務時間中でも、周囲に自分以外の人がいなくとも、とにかくニコニコと笑顔を作るトレーニングをしよう。それだけで、みなさんは幸せになれる。

カリフォルニア州立大学のリー・ハーカーは、とある私立の女学校の卒業生のアルバムで、顔写真を分析したことがある。

卒業アルバムには、ひとりひとりの生徒の顔写真が載せられているのだが、どれくらい大きな笑顔を見せながら写真に撮られているかどうかを調べてみたのだ。

さらにハーカーは、それぞれの卒業生が、27歳、43歳、52歳になった時点でコンタクトをとり、どのような人生を歩んでいるのかを追跡調査させてもらった。

すると、21歳時点（卒業時点）での、「笑顔の大きさ」を調べれば、その30年後の結婚満足度まで予測できることが明らかにされたという。

仏頂面の人よりは、ちょっぴり微笑んでいる人のほうが、ちょっぴり微笑んでいる人よりは、大きな笑顔を見せている人のほうが、30年後には幸せな結婚ができていたのである。

さらにハーカーは、**大きな笑顔で笑っている人ほど、精神的にも、身体的にも健康でい**

られることを突き止めた。笑っていると、なぜか大病を患《わずら》ったりもしなくなるのである。まことにいいことづくめなのである。

私が、「笑顔を見せたほうがいいですよ」とアドバイスをすると、「楽しくもないのに、笑うことなんてできませんよ」とひねくれた答えをする人が、必ずいる。

しかし、楽しいから笑うのではなくて、笑っていれば、人間というのは、楽しい気分になってくるものなのだ。これを**「顔面フィードバック仮説」**という。笑顔を作っていると、私たちの脳みそは、「あっ、楽しいことがあったのだな」という信号をフィードバックし、楽しさの感情を引き出すように働く。

私たちの脳みそは、おバカさんのところがあって、笑顔を作っていると、楽しい気分なのだろうと誤解し、楽しい気分になれるようなホルモンを分泌し始めたりする。その結果、作り笑いであろうが何だろうが、笑っていると本当に楽しい気分になってきてしまうのである。

幸せになりたかったら、やることはたったひとつ。それは普段から、ニコニコしながら生活する習慣を身につけることである。

こんなに簡単なことで人生が楽しくなるのだから、やらないほうが損であるといえる。

不器量な女の子のほうが、セクハラされやすい

ブサイクな女の子は、美人の女の子に比べてチヤホヤしてもらえないし、厳しい対応を受けるのが普通であるが、セクハラ被害にも遭いやすいという踏んだり蹴ったりの事実を示すデータがある。

男性は、美人に対しては、気安く身体を触ったりしようとしない。

相手が美人だと、どうしても腰が引けてしまうというか、そんなに強気になれないのだ。

ところが、**相手がそんなに美人ではないというか、平凡な女の子だったりすると、男性は気安く接しようとする。そのため、セクハラ被害にも遭いやすくなる**のである。

キャバクラでもそうで、お店のナンバーワンとか、ナンバーツーの女の子は、あまりお客からベタベタ触られるようなことはない。どんなに酔っ払った男性客でも、きれいな女

の子には触るのを遠慮するのである。
ところが、ごく普通の女の子には、おっぱいを触ろうとしたり、肩を抱こうとしたりする。遠慮がなくなってしまうのだ。

イースト・キャロライナ大学のカリー・ウェンシュは、セクハラで訴えられている男性従業員の架空の裁判記録を作ってみた。その記録には、被害を受けている女性の写真も載せられていたのだが、美人の女性と、そうでもない女性の写真の2つのバージョンが設定されていた。

それから裁判記録を読ませた324名に、「あなたたなら、この男性に対してどれくらい有罪判決をするか？」と尋ねてみたのだが、美人の写真が載せられている記録を読まされたグループの77％が有罪だとしたのに、そうでもない女性が被害に遭ったという記録を読まされたグループでは63％しか有罪としなかったのである。

この結果は、美人に対してはセクハラをしてはいけないが、そうでもない女の子なら、まあまあ許せなくもない、という判断がなされることを示唆《しさ》している。

男性は、美人が好きであるし、美人には抱きつきたいと思っていても、それを実行する

ことはない。美人が相手だと躊躇してしまうのである。だから、美人ほどセクハラの被害に遭いそうではあるが、実際にはそうでもないのである。

その点、顔だちが平凡な女の子は、男性にとっては〝狙い目〟に見える。

男性は、そういう女性には大胆な行動に出る。

「嫌われたって、別にどうということはないや」という気安さもあるのか、その女性が嫌がるようなことをしても、へっちゃらである。

普通の女の子からしたら、もっと美人に男性がアプローチしてくれればいいのに、と思うかもしれないが、なかなかそういうことにはならない。男性は、美人が相手だと心理的に委縮してしまうことのほうが多いからである。

セクハラに遭うということは、それだけ男性が気を許している証拠でもあるから喜ばしいところもあるとはいえ、もちろん、セクハラは立派な犯罪である。たとえ気安い人間だと思われているとはいえ、セクハラをされたときには毅然とした態度を見せることが必要だ。

嫉妬しないカップルは別れるのも早い

これはなぜかといえば、嫉妬深い人とお付き合いをしたり、結婚したいと考える人はあまりいないからである。なんだか自分を束縛しそうであるし、もし別れを切り出そうものなら、逆上するかもしれないという恐怖もあるからである。

そんなわけで、あまりよく思われていない「嫉妬深さ」ではあるけれども、見方を変えればいい点はいくらでも見つかる。

まず、**嫉妬深い人は、愛情も深い人**である。

相手が好きで好きでたまらないから嫉妬深くなるのであり、愛情が少ない人は嫉妬もできない。ようするに嫉妬もできない人は、愛情も弱くて、冷たい傾向がある。相手をどうでもいいと思っているから、嫉妬もできないのである。

カリフォルニア州立大学のアヤラ・パインズは、恋愛における嫉妬は、不快な感情であるとはいえ、ポジティブな効果を持っていると指摘している。

嫉妬するからこそ、お互いの関係は深まるのであり、関係を長期化するのに役立つのだとパインズは述べている。嫉妬しないカップルは、別れるのも早い。

また、**嫉妬深い人は、ライバルに負けたくないと思うから、自分を魅力的にするための努力を欠かさない。**素敵な人間になろうという努力を怠ることなく続けるのである。そのため、いつまでも魅力的でいられる。

さらに、**嫉妬深い人のほうが、結婚も早い**というデータがある。

嫉妬深い人は愛情も深いわけであるが、結婚に踏み切るためには、どうしても強烈な愛情がなければならない。結婚に踏み切る決断をするためには、ものすごい勇気と愛情がなければ不可能であるが、嫉妬深い人はそれがあるのである。

ウェスタン・イリノイ大学のユーゲン・マーチスは、65組のカップルに嫉妬深さのテストをした。それから7年後、彼らが結婚しているかを調べてみた。

すると、嫉妬深さのテストで高得点だったグループのほうが、低得点だったグループよ
り、はるかに結婚している割合は高かった。

嫉妬深い人ほど、恋が燃えやすく、それゆえ結婚に踏み切る決断もできる。

嫉妬深くない人は、いつまでもダラダラと交際を続けるであろう。嫉妬を感じない人には、もともと愛情が弱いために結婚に踏み切る勇気も度胸も得られないのである。

「嫉妬深い人は、イヤだ」と考える人は多いと思う。嫉妬深いというだけで、その人を敬遠する人もいると思う。

しかし、嫉妬深いことは決して悪いことではない。それだけみなさんのことを愛してくれる人なのであり、むしろ歓迎すべきなのではないだろうか。

自分自身が嫉妬深い人は、「なぜこんなに自分は嫉妬深いんだろう」と思い悩むことがあるかもしれないが、どうか安心してほしい。**嫉妬深いのは、愛情の深さゆえのことなのであり、悪いことでも何でもない**のだ。

テレビやニュースで、ストーカー犯罪が報道されるたび、「嫉妬に狂った人間は怖ろしい」というイメージや固定観念が強化されているように思われるが、嫉妬深いからといって、すべての人がストーカーになるわけではない。

「嫉妬深い人はだれでもＮＧ」だと考えていると、自分に愛情をほとんど注いでくれないような人としかお付き合いできないことになる。それでは恋愛が少しも盛り上がらなくなってしまうのではないだろうか。

コラム

国際結婚への憧れは捨てたほうがいい

外国人と結婚したいと思っている日本人の女性は、潜在的にものすごく多いのではないかと思う。日本人男性よりもやさしく、たくましく、魅力的な外国人と結婚したいと思う気持ちはわからなくない。

日本人男性も、外国人の女性と結婚したいと思う人は多いであろう。ただ、草食系男子が増え、自分から積極的にアプローチするのが難しいと躊躇《ちゅうちょ》しているだけであろう。それに「国際結婚」という言葉には、何やら華やかなイメージもある。

けれども、国際結婚はあまりおススメできない。

理由は単純で、国際結婚の離婚率は、国内結婚よりも高いから。

平成24年度の厚生労働省の統計では、日本人男性と外国人女性の国際結婚では約70%が離婚している。日本人女性と外国人男性の国際結婚では約49%である。

ちなみに、日本人同士の国内結婚では、離婚率はだいたい30%。

30%といっても、3組に1組は離婚している計算になるのだが、国際結婚になると、その比率はもっと高くなる。特に、日本人男性と外国人女性の組み合わせでは、かなりの高確率で離婚しているという現状がある。離婚しているということは、結婚生活を続けるのがものすごく困難だという証拠であろう。

やはり組み合わせとしては、同じ国の人同士で付き合ったり、結婚したほうがよさそうである。これを心理学では、「類似性の原理」と呼んでいる。基本的価値観、宗教、態度、文化的な背景といったものが同じであればあるほど（類似性が高ければ高いほど）、その組み合わせはうまくいく、というのが類似性の原理である。

スタンフォード大学のエリザベス・マクリントックは、人種間でどのような交際が見られるのかを調べてみたのだが、やはり同じ人種の組み合わせが多かった。白人は白人と、アジア人はアジア人と、ヒスパニックはヒスパニックと付き合っていたのである。

またマクリントックの調査によると、デート相手としても、長期的な関係としても、同じ人種のほうが好まれたという。やはり文化的な背景や価値観を共有しているほど、気安く付き合えるのであろう。

外国の人と国際結婚をすると、いろいろと文化的な点での衝突が起きてしまうのではないだろうか。細かい点で、いちいちぶつかってしまうのは、ものすごくストレスであるし、それが原因でしょっちゅう口ゲンカをすることになる。だから、関係も破局を迎えやすいのである。

同じ日本人同士でさえ、いざ付き合ってみたら、「そんな人だとは思わなかった！」

ということが多々あるものであるが、外国人が相手だと、そういう幻滅というか、失望感をさらに感じやすくなるのかもしれない。

ハリウッド映画などを見ていると、素敵な俳優、魅力的な女優がたくさん登場する。そういう人と自分もお付き合いしてみたいな、という憧れを持つ人も多いと思うのだが、現実に結婚したりすると、意外に後悔のほうが大きいのではないか。

やはり夢とか憧れというものは、現実にはまったく別物なのであろう。憧れは憧れのまま、そっと封印しておくのがよさそうだ。

あとがき

運命的にどうにもならないようなことがある。

すでに決定されていて、自分ではどうすることもできないこともある。

そういう現実には、なるべくフタをして、そっと放っておくのが最善のやり方である。

私はそう信じている。「運命的にどうにもならないことがあるのだな」という事実を突きつけられるのは、不愉快なことである。だから私は、そういうデータを見つけてもだれにも秘して語らないことにしていた。

たとえば、だれかが「ノーベル物理学賞をとりたい！」と言っていても、その人が末っ子だったりすると、「たぶんムリだろうな」と私は思う（ノーベル賞の受賞者は、圧倒的に長男・長女が多い）。けれども、ノーベル賞をとりたくて頑張っている人に、そんな冷や水を浴びせても仕方がないので、私はニコニコしながら、「お前ならとれるよ、頑張って！」

と適当に励ましの言葉をかけてあげる。

日本人は血液型を話題にして盛り上がるのが大好きだが、相手がB型だという話を聞いてしまったりすると、「ああ、自殺が多いタイプだな」という統計がすぐに頭に思い浮かぶ。もちろん、そんなことを相手には言わない。聞かされても不愉快だと思うからだ。

本書では、これまでの私があまり口にすることはなかった資料をもとに執筆してきた。読者のみなさまの中には、さぞ不愉快な思いをされた人もいらっしゃるのではないかと思う。

ただし、心理学で得られるデータというものは、確定的なものではなくて、結果のバラつきが非常に大きい、という特徴もある。私が本書で示してきたデータについても、その反対の結果を示す研究はいくらでもある。だから、本書で述べてきたことを、そっくり鵜《う》呑《の》みにする必要はない。なるほど、こういうデータもあるのだな、と軽く受け流していただければ幸いだ。

たとえば、「国際結婚はしないほうがいいよ、離婚率が高いですからね」と私は書いたが、別に外国人と結婚したいのであれば、もちろん、それを止めることはない。私の話は、あくまでも「ただの参考まで」という程度の受け止め方をしていただきたいと思う。

さて、本書の執筆にあたっては、廣済堂出版編集部の伊藤岳人さんにお世話になった。

この場を借りてお礼を申し上げたい。10年来の付き合いのある伊藤さんから、「今回は内藤先生に、あまり書きたくないことを書いていただきたいのです」とお願いされてしまい、断りきれずに本書を執筆した。ただ実際に執筆してみると、自分でも勉強になることが数多くあり、貴重な機会を与えて下さった伊藤さんには感謝している。

最後に読者のみなさまにもお礼を申し上げたい。最後までお付き合いくださり、本当にありがとうございます。デリケートな内容の本だけに、細心の注意を払いながら執筆したつもりであるが、それでも項目によっては不愉快な思いをされた人がいるのではないかと思う。あまり気にすることなく、適当に笑い飛ばしていただければ幸いだ。

それではまたどこかでお会いしましょう。

内藤誼人

between upward influence tactics and assessments of promotability. Journal of Management ,21, 739-756.
Thomas, G, Fletcher, G. J. O., & Lange, C. 1997 On line emphathic accuracy in marital interaction. Journal of Personality and Social Psychology ,72, 839-850.
Thoms, P., & Venkataraman, R. R. 2002 Relation of managers' personality to account and injury rates. Psychological Reports ,91, 1107-1115.
Todorov, A., Mandisodza, A. N., Goren, A., & Hall, C. C. 2005 Inferences of competence from faces predict election outcomes. Science ,308, 1623-1625.
Toma, C. L., & Hancock, J. T. 2010 Looks and lies: The role of physical attractiveness in online dating self-presentation and deception. Communication Research ,37, 335-351.
Van Tilburg, W. A. P., & Igou, E. R. 2014 The impact of middle names: Middle name initials enhance evaluations of intellectual performance. European Journal of Social Psychology ,44, 400-411.
Wolfe, J. M., Horowitz, T. S., & Kenner, N. M. 2005 Rare items often missed in visual searches. Nature ,435,439-440.
Wuensch, K. L., & Moore, C. H. 2004 Effects of physical attractiveness on evaluations of a male employee's allegation of sexual harassment by his female employer. Journal
of Social Psychology ,144, 207-217.
Young, T. J., & French, L. A. 1996 Hitler's psychopathology: Advantages and limitations of psychohistorical assessments of personality. Psychological Reports, 78, 349-350.
Zahn-Waxler, C., Cummings, E. M., Mcknew, D. H., & Yarrow, M. R. 1984 Altruism, aggression, and social interactions in young children with a manic-depressive parent. Chiled Development ,55, 112-122.
Ziyagil, M. A., Gursoy, R., Dane, S., & Yuksel, R. 2011 Left-handed wrestlers are more successful. Perceptual and Motor Skills ,111, 65-70.

Regan, P. C., Lakhanpal, S., & Anguiano, C. 2012 Relationship outcomes in Indian-American love-based and arranged marriages. Psychological Reports ,110, 915-924.
Rodin, J., & Langer, E. J. 1977 Long-term effects of a control-relevant intervention with the institutionalized aged. Journal of Personality and Social Psychology ,35, 397-402.
Rolfe, A. 2008 'You've got to grow up when you've got a kid': Marginalized young women's accounts of motherhood. Journal of Community & Applied Social Psychology ,18, 299-314.
Rule, N. O., Krendl, A. C., Ivcevic, Z., & Ambady, N. 2013 Accuracy and consensus in judgments of trustworthiness from faces: Behavioral and newral correlates. Journal of Personality and Social Psychology ,104, 409-426.
Sandstrom, G. M., & Dunn, E. W. 2014 Social interactions and well-being: The surprising power of weak ties. Personality and Social Psychology Bulletin ,40, 910-922.
Scholz, D. F., & Forest, J. J. 1997 Effects of fictional, autobiographical, and self-help literature on personality measures. Psychological Reports ,80, 91-96.
Sedikides, C., Rudich, E. A., Gregg, A. P., Kumashiro, M., & Rusbult, C. 2004 Are normal narcissists psychologically healthy ? : Self-esteem matters. Journal of Personality and Social Psychology ,87, 400-416.
Shafizadeh, M., McMorris, T., & Sproule, J. 2011 Effect of different external attention of focus instruction on learning of golf putting skill. Perceptual and Motor Skills ,113, 662-670.
Shanteau, J. 1992 Competence in experts: The role of task characteristics. Organizational Behavior and Human Decision Processes ,53, 252-266.
Sigelman, C. K., Thomas, D. B., Sigelman, L., & Ribich, F. D. 1986 Gender, physical attractiveness, and electability: An experimental investigation of voter biases. Journal of Applied Social Psychology ,16, 229-248.
Soto, C. J., John, O. P., Gosling, S. D., & Potter, J. 2011 Age differences in personality traits from 10 to 65: Big five domains and facets in a large cross-sectional sample. Journal of Personality and Social Psychology ,100, 330-348.
Steele, K. M., Ball, T. N., & Runk, R. 1997 Listening to Mozart does not enhance backwards digit span performance. Perceptual and Motor Skills ,84, 1179-1184.
Tellegen, A., Lykken, D. T., Bouchard, T. J.Jr., Wilcox, K. J., Segal, N. L., & Rich, S. 1988 Personality similarity in twins reared apart and together. Journal of Personality and Social Psychology ,54, 1031-1039.
Thacker, R. A., & Wayne, S. J. 1995 An examination of the relationship

Meltzer, A. L, McNulty, J. K., Jackson, G. L., & Karney, B. R. 2014 Sex differences in the implications of partner physical attractiveness for the trajectory of marital satisfaction. Journal of Personality and Social Psychology ,106, 418-428.
Merikle, P. M., & Skanes, H. E. 1992 Subliminal self-help audiotapes: A search for placebo effects. Journal of Applied Psychology ,77, 772-776.
Miller, G., Tybur, J. M., & Jordan, B. D. 2007 Ovulatory cycle effects on tip earnings by lap dances: Economic evidence for human estrus. Evolution and Human Behavior ,28, 375-381.
Mishra, H., Shiv, B., & Nayakankuppam, D. 2008 The blissful ignorance effect: Pre-versus post-action effects on outcome expectancies arising from precise and vague information. Journal of Consumer Research ,35, 573-585.
Mobius, M. M., & Rosenblat, T. S. 2006 Why beauty matters. American Economic Review ,96, 222-235.
Morrow, P. C., & Leedle, 2002 A comparison of job performance and disciplinary records of smokers and nonsmokers. Journal of Psychology ,136, 339-349.
Nantais, K. M., & Schellenberg, E. G. 1999 The Mozart effect: An artifact of preference. Psychological Science ,10, 370-373.
Niederhofer, H. 2004 Left-handedness in a sample of nine patients with borderline personality disorder. Perceptual and Motor Skills ,99, 849-852.
Olmedilla, A., Lozano, F. J., Ato, M., Garces, E., & Ortega, E. 2009 Some factors in sanctions for unsportsmanlike behavior of players and coaches in youth soccer. Perceptual and Motor Skills ,108, 764-774.
O'sullivan, C. S., Chen, A., Mohapatra, S., Sigelman, L., & Lewis, E. 1988 Voting in ignorance: The politics of smooth-sounding names. Journal of Applied Social Psychology ,18, 1094-1106.
Pines, A., & Aronson, E. 1983 Antecedents, correlates, and consequences of sexual jealousy. Journal of Personality ,51, 108-136.
Pinzur, L., & Smith, G. 2009 First names and longevity. Perceptual and Motor Skills ,108, 149-160.
Polivy, J., & Herman, C. P. 2002 If at first you don't succeed: False hopes of self-change. American Psychologist ,57, 677-689.
Pool, R. 1991 Can lefties study be right ? Nature ,350, 545.
Preti, A., Biasi, F. D., & Miotto, P. 2001 Musicl creativity and suicide. Psychological Reports ,89, 719-727.
Rauscher, F. H., Shaw, G. L., & Ky, K.N. 1993 Music and spatial task performance. Nature ,365, 611.

Judge, T. A., Cable, D. M. 2004 The effect of physical height on workplace success and income: Preliminary test of a theoretical model. Journal of Applied Psychology ,89, 428-441.
Karris, L. 1977 Prejudice against obese renters. Journal of Social Psychology ,101, 159-160.
Kerr, S. 1975 On the folly of rewarding A, while hoping for B. Academy of Management Journal ,18, 769-783.
Laham, S., Koval, P., & Alter, A. L. 2012 The name-pronunciation effect: Why people like Mr. Smith more than Mr. Colquhoun. Journal of Experimental Social Psychology ,48, 752-756.
Langer, D. A., McLeod, B. D., & Weisz, J. R. 2011 Do treatment manuals undermine youth-therapist alliance in community clinical practice? Journal of Consulting and Clinical Psychology ,79, 427-432.
Lawler, T. P., & Lawler, F. H. 2011 Left-handedness in professional Basketball: Prevalence, performance, and survival. Perceptual and Motor Skills ,113, 815-824.
Lester, D., & Sheehan, D. 1980 Attitudes of supervisors toward short police officers. Psychological Reports ,47, 462.
Lewinsohn, P. M., & MacPhillamy, D. J. 1974 The relationship between age and engagement in pleasant activities. Journal of Gerontology ,29, 290-294.
Lombroso, G. 2010 Criminal man – according to the classification of Cesare Lombroso. General Books.
Marvin, D. D., John, C., & Kay, J. 1963 The effect of group participation on brainstorming effectiveness for 2 industrial samples. Journal of Applied Psychology ,47, 30-37.
Mathes, E. W. 1986 Jealousy and romantic love: A longitudinal study. Psychological Reports ,58, 885-886.
McCann, S. J. H. 2001 Height, societal threat, and the victory margin in presidential election（1824-1992）. Psychological Reports ,88, 741-742.
McClintock, E. A. 2010 When does race matter? Race, sex, and dating at an elite university. Journal of Marriage and Family ,72, 45-72.
McCutcheon, L. E. 2000 Another failure to generalize the Mozart effect. Psychological Reports ,87, 325-330.
McMillen, C., Zuravin, S., & Rideout, G. 1995 Perceived benefit from child sexual abuse. Journal of Consulting and Clinical Psychology ,63, 1037-1043.
Mehrabian, A., & Piercy, M. 1993 Affective and personality characteristics inferred from lengh of first names. Personality and Social Psychology Bulletin ,19, 755-758.

Frone, M. R. 1998 Predictors of work injuries among employed adolescents. Journal of Applied Psychology ,83, 565-576.
Fry, C. J. 1990 Left-handedness: Association with college major, familian sinistrality, allergies, and asthma. Psychological Reports ,67, 419-433.
Galton, F. 1872 Statistical inquiries into the efficacy prayer. Fortnightly Review ,68, 125-135.
Geier, A. B., Rozin, P., & Doros, G. 2006 Unit bias: A new heuristic that helps explain the effect of portion size on food intake. Psychological Science ,17, 521-525.
Gilberg, M., & Hines, T. 2000 Male entertainment award winners are older than female winners. Psychological Reports ,86, 175-178.
Gilles, R. M. 2003 The behaviors, interactions, and perceptions of junior high school students during small group learning. Journal of Educational Psychology ,95, 137-147.
Goodman, P. S., & Garber, S. 1988 Absenteeism and accident in a dangerous environment: Empirical analysis of underground coal mines. Journal of Applied Psychology ,73, 81-86.
Greenwald, A. G., Spangenberg, E. R., Pratkanis, A. R., & Eskenazi, J. 1991 Double-blind tests of subliminal self-help audiotapes. Psychological Science ,2, 119-122.
Hansel, T. C., Nakonezny, P. A., & Rodgers, J. L. 2011 Did divorces decline after the attacks on the world trade center？ Journal of Applied Social Psychology ,41, 1680-1700.
Harker, L. A., & Keltner, D. 2001 Expressions of positive emotion in women's college yearbook pictures and their relationship to personality and life outcomes across adulthood. Journal of Personality and Social Psychology ,80, 112-124.
Hartman, A. A., Nicolay, R. C., & Hurley, J. 1968 Unique personal names as a social adjustment factor. Journal of Social Psychology ,75, 107-110.
Henss, R. 1991 Perceiving age and attractiveness in facial photographs. Journal of Applied Social Psychology ,21, 933-946.
Jensen, M. 1968 Problems in selection of security portfolios: The performance of mutual funds in the period 1945-1964. Journal of Finance ,23, 389.
Johnson, W., Bouchard, Jr. T. J., Segal, N. L., & Samuels, J. 2005 General intelligence and reading performance in adults: Is the genetic factor structure the same as for children. Personality and Individual Differences ,38, 1413-1428.

Britt, D. M., Cohen, L. M., Collins, F. L., & Cohen, M. L. 2001 Cigarette smoking and chewing gum: Responses to a laboratory-induced stressor. Health Psychology ,20, 361-368.
Cellar, D. F., Nelson, Z. C., & Yorke, C. M. 2000 The fine-factor model and driving behavior: Personality and involvement in vehicular accidents. Psychological Reports, 86, 454-456.
Chabris, C. F. 1999 Prelude or requiem for the "Mozart effect" ? Nature ,400, 826-827.
Chen, F. F., Jing, Y., & Lee, J. M. 2014 The looks of a leader: Competent and trustworthy, but not dominant. Journal of Experimental Social Psychology ,51, 27-33.
Cho, H., & Salmon, C. T. 2007 Unintended effect of health communication campaign. Journal of Communication ,57, 293-317.
Cohen, S., & Halpern, D. F. 1991 Left-handedness: A marker for decreased survival fitness. Psychological Bulletin ,109. 90-106.
Coelho do Vale, R., Pieters, R., & Zeelenberg, M. 2008 Flying under the Radar: Perverse package size effects on consumption self-regulation. Journal of Consumer Research ,35, 380-390.
Diehl, M., & Stroebe, W. 1991 Productivity loss in idea-generating groups: Tracking down the blocking effect. Journal of Personality and Social Psychology ,61, 392-403.
Dune, M. P., Martin, N. G., Statham, D. J., Slutke, W. S., Dinwiddie, S. H., Bucholz, K. K., Madden, P. A. E., & Heath, A. C. 1997 Genetic and environmental contributions to variance in age at first sexual intercourse. Psychological Science ,8, 211-216.
Dunnette, M. D., John, C., & Kay, J. 1963 The effect of group participation on brainstorming effectiveness for 2 industrial samples. Journal of Applied Psychology ,47, 30-37.
Eidelman, S., & Biernat, M. 2003 Derogating black sheep: Individual or group protection ? Journal of Experimental Social Psychology ,39, 602-609.
Finkenauer, C., & Hazam, H. 2000 Disclosure and secrecy in marriage: Do both contribute to marital satisfaction ? Journal of Social Personal Relationships ,17, 245-263.
Forest, J. J. 1988 Exploring more on the effects of psychological self-help paperbacks. Psychological Reports ,63, 891-894.
Frieze, I. H., Olson, J. E., & Good, D. C. 1990 Perceived and actual discrimination in the salaries of male and female managers. Journal of Applied Social Psychology ,20, 46-67.

参考文献

Abakoumkin, G. 2011 Forming choice preferences the easy way: Order and familiarity effects in elections. Journal of Applied Social Psychology ,41, 2689-2707.

Abel, E. L., & Kruger, M. L. 2007 Symbolic significance of initials on longevity. Perceptual and Motor Skills, 104, 179-182.

Adams, G. R., & Reed, D. 1983 Personality and social influence styles of attractive and unattractive college women. Journal of Psychology ,114, 151-157.

Alter, A. L., & Oppenheimer, D. M. 2006 Predicting short-term stock fluctuations by using processing fluency. Proceedings of the National Academy of Sciences ,103, 9369-9372.

Arvey, R. D., Bouchard, T. J. Jr., Segal, N. L., & Abraham, L. M. 1989 Job satisfaction: Environmental and genetic components. Journal of Applied Psychology ,74, 187-192.

Back, M. D., Schmukle, S. C., & Egloff, B. 2010 Why are narcissists so charming at first sight ? Decoding the narcissism-popularity link at zero acquaintance. Journal of Personality and Social Psychology ,98, 132-145.

Baumeister, R. F., Smart, L., & Boden, J. M. 1996 Relation of threatened egotism to violence and aggression: The dark side of high self-esteem. Psychological Review ,103, 5-33.

Bellis, M. A., & Baker, R. 1991 Do females promote sperm competition ? Data for humans. Animal Behaviour ,40, 997-999.

Bennis, W. 1999 The end of leadership: Exemplary leadership is impossible without full inclusion, initiatives, and cooperation of followers. Organizational Dynamics ,28, 71-79.

Blackman, M. C., & Stubbs, E. C. 2001 Apologies: Genuine admissions of blameworthiness or scripted, sympathetic responses ? Psychological Reports ,88, 45-50.

Brickman, P., Coates, D., & Janoff-Bulman, R. 1978 Lottery winners and accident victims: Is happiness relative ? Journal of Personality and Social Psychology ,36, 917-927.

Burke, R. K., Mckeen, C. A., & McKenna, C. S. 1990 Sex differences and cross-sex effects on mentoring: Some preliminary data. Psychological Reports ,67, 1011-1023.

Burns, G. L., & Farina, A. 1987 Psysical attractiveness and self-perception of mental disorder. Journal of Abnormal Psychology ,96, 161-163.

ヤバすぎる心理学

2017年5月11日　第1版 第1刷

著者　内藤誼人
発行者　後藤高志
発行所　株式会社廣済堂出版
〒104-0061　東京都中央区銀座3-7-6
電話　03-6703-0964（編集）　03-6703-0962（販売）
Fax　03-6703-0963（販売）
振替　00180-0-164137
http://www.kosaido-pub.co.jp
印刷所
製本所　株式会社廣済堂
ISBN 978-4-331-52100-7　C0095

装丁　三瓶可南子
編集　伊藤岳人
　　　飯田健之
DTP製作　三協美術